JN418879

심령과학 시리즈 3

악령의 세계 ㊤

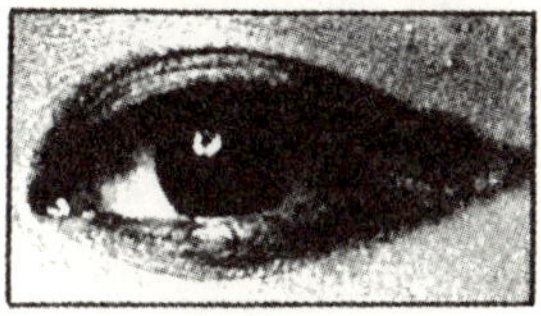

高橋信次 / 저
안 동 민 / 역

瑞音出版社

머 리 말

영(靈)의 세계라고 하면 우리들의 일상생활과 관계가 없는 것처럼 보이지만 사실은 밀접한 관계가 있다. 예를 들면 꿈을 꾼다든가 제6감이 작용하는 일 등도 모두 영의 작용인 것이다. 그런데도 대개는 이런 일들이 우연한 형태로 일어나므로 가볍게 넘겨 버린다.

우리가 사는 세계를 흔히 3차원의 세계라고 하는데, 3차원이란 입체적인 세계이며, 빛과 그림자가 섞여 있는 세계인 것이다.

영의 세계는 빛과 그림자의 명암(明暗)이 뚜렷하게 나누이져 있는데, 크게 나누어서 빛의 세세를 불교에서는 극락, 그리스도교에서는 천국이라고도 한다.

반대로 그림자의 세계는 지옥과 같은 어두운 세계를 말한다. 과학적으로는 이러한 세계를 4차원 세계라고도 부른다.

4차원 세계에 사는 영에게는 입체적인 3차원의 장애물은 문제가 되지 않는다. 벽 따위도 쉽게 뚫고 지나갈 수 있는 것이다.

다만 지옥에 떨어진 영은 자기의 마음을 스스로 묶고 있으므로 그 행동 범위는 좁고 또 일정한 곳에만 머무르게 된다. 예를 들면 묘지나 자살자가 많은 곳에 머무르게 되는 것이다. 따라서 그들은 이 범위 내에서는 3차원은 자유로운 것이다.

그런데 우리들과 이들 영과의 관계는 우리들이 마음 속에서 생각하거나 염(念)을 함으로써 관계가 맺어지는 것이다. 우리의 마음은 자신의 육체라는 3차원의 옷을 두르고 있지만 마음은 저승의 영들과 통하고 있는 것이다.

다시 말해서 우리는 이승과 저승, 두 곳에 양다리를 걸치고 있는 것이다. 그러므로 자신의 의식이 잠자고 있음에도 불구하고 꿈을 꾸거나 생각하는 일이 상대방에게 통하거나 직감이 작용하거나 하는 것이다. 이들 현상을 텔레파시라든가 투시(透視), 독심술(讀心術)이라고 부르지만 실은 영들의 작용으로 일어나는 것이다.

본론으로 돌아와서, 우리의 마음은 저승의 영들과 서로 상통하고 있으므로, 생각이 옳지 않으면 소위 악령이 그 사람의 마음을 지배해 버린다.

옳지 않은 마음이란 남을 미워하거나 분노나 시기, 중상모략, 만족할 줄 모르는 마음을 말하다. 어째서 이러한 상념(想念)이 좋지 않느냐 하면 자기 보존이 주제가 되어 있기 때문이다.

인류의 역사는 투쟁이었고 자기 보존의 역사였다. 하지만 인류의 목적은 조화(調和)인 것이다. 우리는 자연계라는 조화된 세계에서 살고 있는 것이다. 따라서 거기에 따른 생활을 해야 하는 것이다.

자기 보존이 문명 속에서 자라면, 내향적인 사람은 고독해지고, 노이로제나 정신병에 걸리게 된다. 반대로 외향적인 사람은 과격하게 된다.

여기서 다루고 있는 것은 주로 내향적인 사람의 모습이다.

내가 개인적인 상담을 통해 다루었던 사람들의 고난의 기록인 것이다. 그 수는 굉장히 많지만 그 일부를 소개함으로써 여러분에게 참고가 되도록 한 것이다.

내가 만난 사람들은 대개가 자기 보존에서 나온 분노나 증오가 발단이 되어 있다. 그리하여 저승의 악령이 빙의(憑依)되어 2중, 3중인격이 되어 자기를 상실한 사람들인 것이다.

그러므로 자기의 마음이 지금까지 어떻게 움직이고 있었는가를 반성해 보라. 그리고 만약 그런 마음이 움직이고 있었다면 곧 고치셨으면 한다. 그것은 당신 자신의 생활만이 아니라, 가족이나 이웃, 사회 전체의 행복을 위하는 길이며, 이승에서의 기간과는 비교할 수도 없는 오랜 동안의 저승에서의 편안한 생활을 보장하기 때문이다.

저 자

악령의 세계 ㊤ 차례

제5장 잘못된 조상공양이 빚는 공포

제6장 황폐해지는 인간의 마음

제7장 행위에 대하여

악령의 세계

제 I 부

제 *I* 장
저주받은 가정

사회의 한 구석에서

예전에는 흔히 저주받은 집안이라는 말이 사람들의 입에 자주 오르내리곤 했었다. 사람들의 관심이 남의 마음이나 신앙에 쏠려 있었기 때문에 그런 집안이 오늘날보다도 눈에 더 띄었는지도 모른다.

그렇다면 현대는 어떨까? 이런 의미에서 생각해 보면 현재는 과거보다 신앙의 형태가 내용보다는 형식으로 많이 치우쳐져서, 신앙은 단순한 의식적인 면으로 바뀌어지고 옛날보다 그와 같은 화제나 문제가 훨씬 적어졌으며, 또한 병이나 재난이 생겼을 경우에 신앙이나 마음의 문제보다는 병원 의사에게 달려가면 해결이 된다고 생각함으로써, 정신적인 이야기는 스스로 멀리하게 되었는지도 모른다.

하지만 오늘날의 현실은 어떠한가?

옛날이나 지금이나 저주받은 집안은 항상 존재하고 있으며, 그와 같은 가정은 사회의 한구석에서 끊임없는 재난과 고통을 받고 있는 것이다.

3대에 걸처 일어난 이상한 죽음

이시다 하루(石田春) 여사는 53세로서 그녀의 가정은 실로 3대에 걸쳐, 늘 좋지 못한 사건에 휘말려들어 비탄과 괴로움 속에 시달리고 있었다.

그녀의 남편인 가메따로오(龜太郞)는, 결혼한 지 3년만에 자동차 사고로 급사했다. 덤프 트럭이 느닷없이 앞 차를 앞지르려다가 중앙선을 벗어나 그가 운전하고 있던 차의 정면으로 달려나옴으로써 핸들을 꺾을 겨를도 없이 덤프 트럭과 정면으로 충돌해 버렸다.

그의 작은 차는 덤프 트럭 밑에 깔렸고, 가메따로오는 차마 눈뜨고 볼 수 없을 만큼 끔찍한 형상으로 죽어 있었다.

현장에 있던 사람들은 가메따로오의 죽은 모습을 차마 볼 수가 없었다. 현장검증에 입회한 경찰관도 기겁을 할 지경이었다.

며칠이 지나자 이와 같은 사고가 언제 일어났었느냐는듯 사람들의 기억에서 잊혀져 가고 있었다.

사고가 일어나기 며칠 전이었다. 이시다 부인은 불길한 예감이 밤중에 갑자기 가슴을 스치고 지나가 어둠 속에서 홀로 가슴을 쓸고 있었다.

그때 옆에서 자고 있던 남편은 한밤중에 가슴이 눌렸는지 괴로운듯이 몇 차례나 몸을 뒤적이고 있었다. 그녀는 깜짝 놀라, 남편을 흔들어 깨웠으나, 남편은 그녀의 얼굴을 보자 살려 달라고 소리 소리치는 것이었다. 그녀는 남편이 잠꼬대를 하는 걸로 알고,

"여보, 여보! 왜 이러시는 거예요?"

하고 두 손으로 어깨를 잡고 흔들자 그녀의 손을 뿌리치듯 하며, 방에서 나가려고 하는게 아닌가. 그녀는 서둘러 남편의 잠옷자락을 잡고,

"여보, 저예요. 하루예요, 하루란 말예요."

큰 소리로 타이르며 필사적으로 매달렸다.

남편은 겨우 제정신이 들었는지 그 자리에 주저앉으며,

"어휴! 지금의 것은 꿈이었군. 휴— 꿈이었군……."

이렇게 말하고 깊이 숨을 내쉬자, 무엇과 격투를 벌인 다음인 듯, 어깨를 축 늘어뜨리고 촛점을 잃은 눈동자로 그녀를 바라보는 것이었다.

사고는 바로 그 일이 있은 지 며칠 뒤에 일어났으나 사실 전에도 같은 일이 자주 있었다. 그때는 가슴이 짓 눌린 다음 날인데 자전거로 아는 분을 만나고 돌아오는 길에 옆에서 승용차가 달려나와, 가메따로오는 방향을 바꿀 겨를도 없이 길에 나가 떨어졌었다. 자전거는 핸들을 쓸 수 없을 만큼 휘었으나 이때는 기적적으로 허리를 조금 다쳤을 뿐 별이상은 없었다.

그녀는 남편이 이런 사고를 한 차례 당했던 만큼 다시는 이런 일을 당하지 않도록 가메따로오에게 특별히 조심하도록 당부했다. 하지만 다음 날도 그 다음 날도 아무 일이 없었다.

가메따로오는 가슴이 눌린 밤의 일을 깨끗이 잊고 있었다. 하지만 그녀는 아무래도 무슨 일인가 일어날 것만 같아서 남편이 집을 나서면 돌아오기까지 가슴을 조여야만 했었다.

다시는 돌아올 수 없는 남편의 처절한 죽음과 저주받은 이시다 집안을 공양하기 위해 그녀는 그로부터 15년 동안 도인(道人)이나 신흥종교 단체를 찾아다녔으며 소아마비를 앓는 애를 데리고, 한결같이 염불과 공양으로 살아온 것이었다.

저주받은 이시다 집안의 사정을 돌이켜 보자.

가메따로오의 아버지인 고오(功)는 현회의원(縣會議員)으로까지 나설 정도로 정치를 좋아했다. 남의 일을 돌봐주느라고 집에 있는 일이 드물었으며, 집으로 돌아올 때는 술냄새를 항상 풍기고 있었다.

그는 술을 좋아했다. 아내인 기미에는 남편이 술을 좋아하는 게 교제상 할 수 없는 일이라고 체념을 했으나, 세번에 한번쯤은 술로 인한 싸움이 벌어져서 집안이 항상 시끄러웠다.

술을 마시지 않을 때에는 분별 있는 남편이었으나, 술이 몸에 들어가기만 하면 사람이 달라지고 난폭해지는 것이었다.

남편의 주정부림을 알고 있는 야마모또라는 후원자가 늘 고오의 시중을 들고, 그가 고오의 곁에 있을 동안은 별 일이 없었다. 기미에에게 있어 야마모또는 다시없는 구세주였으므로 밖에 나가서도 하나에서 열까지 고오의 시중을 들게 했던 것이다.

고오의 주량은 해를 거듭할수록 늘었다. 그와 함께 그의 난폭성도 더해만 갔다. 어느 날 밤 반대파 의원들과 연회가 있어, 술자리가 한참 무르익을 무렵 싸움이 시작됐다.

야마모또가 화장실에 가고 없는 사이에 일어난 일이었다. 고오는 술상을 뒤엎고, 반대파 의원이 있는 사이로 끼어 들어가, 물불을 가리지 않고 난동을 부렸다.

반대파 의원 중의 한 사람이 참다못해 마침내 싸움이 맞붙고 말았다. 두 사람은 마루에서 굴러떨어졌다. 그때 고오는 떨어질 때 머리부터 마당에 있는 연못 속으로 박히게 되었다.

모두들 놀라 고오를 연못에서 건져 냈다. 급소를 맞았는지 아니면 심장마비를 일으켰는지 연못 속에서 건졌을 때는, 고오는 이미 다시는 돌아오지 못할 사람이 되어 있었다.

아내인 기미에(가메따로오의 어머니)는 남편인 고오가 급사를 하자, 어찌된 일인지 술을 마시게 되었다. 또한 외아들인 가메따로오 앞에서 곧잘 저녁반주를 즐기곤 했다.

이따금 생전에 고오의 시중을 들던 야마모또가 자리를 같이 하곤 했다. 기미에의 주량은 급속히 늘었다. 친척들이 와서 주의를 주었으나, 그녀는 듣지 않았다.

불과 얼마 사이에 아침부터 술을 마시게 되었고, 그러는 사이에 갑자기 정신이 이상해지더니 미치고 말았다. 고오가 급사한 지 1년이 지났다. 가메따로오는 이제 겨우 열 두살이 되었을 뿐이었다.

이시다 집안은 대대로 내려오는 명문으로, 큰 집안이었으므로 기미에의 병간호와 가메따로오를 돌보기 위해 한가한 일가친척이 와서 돌봐주고 있었다. 가메따로오의 일상생활은 집안문제 때문에 조금도 지장을 받지 않았다.

기미에의 정신이상은, 남편의 주벽과 비슷해서 곧잘 난폭해지기도 했으나 술이 들어가지 않으면 얌전했다. 술로 인한 정신이상이라는 것을 알고는 집안에 술은 일체 두지 못하게 했다.

정월 초사흩날은 아침부터 큰 눈이 내렸다. 시베리아에서 불어오는 한랭한 저기압이 동북 일대를 에워싸고, 모진 눈보라는 밤이 되어도 그치지 않았다. 바로 다음날 아침이 되어 기미에가 방에서 사라진 것을 알고, 소동이 벌어져 팔방으로 손을 써서 찾아보았으나, 어딜 갔는지 도대체 알 수가 없었다.

파출소 순경을 오게 하여 의논을 했다. 그 결과 어제 밤 계속 내린 큰 눈으로 1미터나 눈이 쌓였으므로 어쩌면 이 눈 속에 파묻혀 있는 게 아닐까 하는 생각이 들어, 집 부근 일대의 눈을 샅샅이 치웠다.

몇십명의 인원을 동원하여 눈을 치운 결과, 마당 가운데에 있는 큰 매화나무에 등을 대고 쪼그린 채 얼어죽어 있었다. 그것도 실오라기 하나 걸치지 않은 발가벗은 채로 눈은 어느 한 곳을 노려보듯 하며 죽어 있었다.

아마 깊은 밤, 혼자서 살며시 집을 빠져 나간 것까지는 좋았으나 추위때문에 집으로 돌아올 수 없어서 동사(凍死)했으리라는 것이었다.

이시다 집안의 저주스러운 전통은 조부(祖父)의 대에서부터 생겼다.

가메따로오의 조부인 겐노스께(源之助)는 대대로 내려오는 면장직(面長職)을 이어받아서 동네사람들로부터 신망이 두터웠었다. 그런 겐노스께가 어느 신흥종교에 미치기 시작하면서 성격이 하루 아침에 변하고 말았다.

종교라고 하지만 신앙의 교리(教理)에 심취되었다거나 자신의 성격을 고치려고 하거나, 하느님을 믿는다는 것이 아니라, 여자 교조에 반했다고 하는게 적절했다.

그는 원래 말 주변이 좋아 어떤 사람이건, 그에게는 말로는 상대가 되지 못했던 터였다. 술도 센 편이었고, 남에게 지기 싫어하는 성격이었다. 더우기 여자관계가 복잡했었다.

여자 교조는 단순한 숭배대상이었으나, 살갗이 희고, 서른 세살의 한창 나이어서, 마흔을 넘은 그는 거의 밤마다 그곳에 다녔었다. 어느새 교조와 동침하는 사이가 되었고, 교조의 노예가 되고 말았다. 교조의 집에 다니게 된 지 1년째 되던 해 교조는 폐렴에 걸려 어이없이 죽고 말았다.

겐노스께의 행실은 그로부터 눈에 띄게 변해 갔다. 술을 한없이 마시게 되었으며 술을 마시면 여자를 원했다. 상대가 소작인의 아내이건 의리가 있는 친구 사이이건, 기회만 있으면 상대를 가리지 않았다.

그에게 희생된 여성의 수는 수십명에 이르렀다. 하지만 어찌 된 일인지 누구 한 사람 겐노스께를 처벌할 수 없었다. 구변이 좋고 완력도 세었으며 그는 이런 자신의 행실이 표면화될 것 같은걸 눈치챈 경우에는,

"잘못했어, 미안하이! 술 기운에 그런 것이니 너그러이 용서해 주게."

이렇게 사과하고는 돈으로 해결을 짓곤 했다.

소작인들의 생활이란 언제나 넉넉할 까닭이 없고 평소에 신세를 지고 있는 겐노스께이고 보면 하는 수 없다고 체념하고는 그를 용서해 주곤 했다. 소작인들은 생활이 곤란해지면 딸을 팔아서 집안을 꾸려가고 있는 사람도 꽤 있었으므로 겐노스께가 쉽게 돈을 잘 쓰는 것으로 인해서 복잡한 문제가 표면화 되는 일은 없었다.

60이 넘어도 겐노스께의 병은 좀처럼 덜해 갈 기세가 보이지 않았다. 그의 병은 집안에서도 사고를 저지르고 있었다. 결국 미쳐서 죽은 기미에(고오의 아내)에게도 접근하여 아들이 집에 없는 사이에 폭력을 써서 범하고 말았다.

고오는 정치에 빠져서, 늘 집을 비우기가 일쑤여서, 그것을 기회삼아 겐노스께는 기미에를 마음대로 했던 것이다.

겐노스께의 아내인 도매는, 남편의 추행으로 몹시 괴로워하고 있었다. 만일 이 사실이 아들에게 알려지게 되면 큰 일이 벌어질 것이 뻔했기 때문이다. 기미에와 마찬가지로 도매도 괴로웠다. 다행히도 이 비밀은 고오를 제외한 세 사람만이 안 채 끝나고 말았다. 까닭인즉 겐노스께가 불의의 죽음을 당해 버렸기 때문이다.

큰눈이 내린 겨울 밤, 그는 술이 몹시 취해서 난로 옆에 눕

자 잠이 들고 말았다. 도매와 기미에는 그 큰 몸집의 겐노스께를 방으로 옮기고 자리에 누인 뒤에 그들도 잠이 들었다.

다음날 아침, 일찍 잠이 깬 도매는 옆에서 자고 있을 겐노스께가 없음을 알게 되었다. 화장실에라도 갔으려니 생각하고 별로 마음에 두지도 않은 채 잠을 청했으나, 남편이 돌아오는 기색은 없었다.

어쩐지 불길한 예감이 들어 기미에의 방으로 건너가서 기미에를 깨우고 집안을 찾아보았으나 보이지 않았다. 어디로 간 것일까 하고 이상하게 생각하며 마당으로 나간 두 사람은 기겁을 하게 놀랐다.

마당 한가운데에 있는 매화나무에 매달려서 겐노스께의 몸이 조용히 흔들리고 있는 게 아닌가. 겐노스께는 목을 메어 자살한 것이었다.

경찰의 조사는 장기간에 걸쳐 행해졌으나 자살한 원인을 알아내지 못하고 말았다. 겐노스께가 죽은 뒤 도매는 70세까지 장수했으나, 그 이후로는 어쩐지 집안에 검은 구름이 끼기 시작했다.

모습 없는 목소리

이시다 하루가 가메따로오를 알게 되어 결혼하게 되었을 때는 대대로 살아오던 큰 집은 낡아서 허술해졌고, 그들은 도쿄로 이사를 했었다.

이시다 가문의 재산은 가메따로오의 아버지인 고오가 정치를 한답시고 다 날려 버려 그녀가 가메따로오와 살림을 차렸을 때에는, 작으마한 집 한칸을 장만하는 게 고작이었다.

그녀가 이시다 가문의 저주받은 가계(家系)를 알게 된 것은 가메따로오와 같이 살게 된 뒤였다. 하지만 그녀는 그런 일은 마음에 두지 않았다. 전후의 민주주의 사상으로, 대가족제도는 분해되고, 어버이와 자식은 원래 독립된 주체라고 생각하게 되었고, 가계에 대해 신경을 쓰는 편이 오히려 이상하다고 그녀는 생각하고 있었다.

결혼이란 남성과 여성의 뜻이 맞아서 성립되고, 가메따로오와 즐거운 가정을 이룩한다면, 그것으로서 그녀는 만족할 뿐이었다.

하지만 가메따로오가 교통사고로 죽고 남겨진 소아마비에 걸린 아들인 다께오(武雄)를 보자 이시다 집안에 얽힌 저주 비슷한 것이 느껴져 그녀는 공포에 사로잡히게 되었다.

그녀 자신도 가메따로오와 함께 살게 된 뒤로는, 사소한 일에도 자칫 화를 잘 내게 되었고, 감정의 기복이 심해졌는데 어째서 이렇게 되는 것이지 스스로 생각해도 이상하기만 했다. 그리고 항상 다리가 무겁고 기분이 좋은 일은 드물었다.

이런 일이 있게 되면서 이웃사람의 권유로 어느 도인을 알게 되어 조상을 공양하기 위해 염불을 올리는 생활을 하게 되었다. 하지만 가메따로오가 남겨 놓은 다께오의 병은 좀처럼 차도를 보이지 않고, 모자(母子) 두 사람의 앞날은 암담하기만 했다.

그녀는 손수 돈을 벌면서 의사에게 다께오를 데리고 다녔을 뿐더러 용하다는 신흥종교 단체는 모조리 찾아다녔다. 하지만 어디를 가나, 자기를 납득시키고 자신의 마음과 아이의 병을 고쳐 주는 곳은 없었다. 교단(教團)에서는 어디서나 같은 말을 했다.

조상을 공양하는 정성이 부족하다, 당신은 아집이 지나치게 강하다, 남편을 소홀히 했다, 감사하는 마음이 부족하다는 그런 말들 뿐이었다.

하지만 자신을 반성해 볼때, 교단에서 말했듯이 자기는 남을 속이거나 나쁜 짓을 했다고는 생각하지 않았다. 오히려 자기보다 제멋대로 살고 있는 사람들이 오히려 건강하고 집안도 잘 유지되고 있다고 생각했다.

이와 같은 모순을 어떻게 해결해야 좋을 것인가 하는 생각이 머리속에서 떠나지를 않았다. 신자가 되면, 으레 의문을 품지 말라고 말한다. 의문이 생기는 것은 믿음이 부족한 탓이며, 그만큼 당신의 업보(業報)는 무거울 것이라고 말했다. 의문이 생길 경우에는 염불을 올리라고만 강요당했다.

신자들의 체험담은 한결같이 효험을 보고 기적으로 가득차 있었다. 하지만 그녀에게는 그와 같은 기적이 좀처럼 나타나지 않았다. 염불을 올리면 한때는 평상시의 괴로움을 잊을 수는 있었으나, 염불을 그치면 아들과 자신이 비참하게 느껴지고 다시 원점으로 되돌아 가는 것이었다.

그녀는 자기의 믿음이 부족한 탓으로 불행이 계속된다고 자신에게 타이르고, 어느 종교단체의 신앙생활로 접어든 지 5년째 되던 해에 마음을 가다듬어 지성으로 염불을 올렸었다. 그러자 어느 시점에 이르자 몸이 가볍게 진동을 일으키고, 귓가에서 사람의 목소리가 들려오는 것이 아닌가.

"잘 했다. 잘 했어! 너는 앞으로 행복해진다. 이제 걱정할 것 없다. 나는 이나리 대명신(稻荷大明神)이다. 앞으로는 내가 하라는 대로만 하면 너의 불행은 깨끗이 사라진다."

그녀는 비로소 신의 음성을 들었다. 그녀로서는 천지가 개

벽을 한 것 같은 심정이었다.

말할 수 없이 기뻤다. 의지할 곳이 없는 여자의 생활처럼 비참한 것은 없으며, 15년이란 세월을 홀로 소아마비 아들인 다께오를 데리고 희망에 찬 생각을 해본 일은 단 한번도 없었기 때문이다. 귓가에서 속삭이는, 모습도 보이지 않는 우렁찬 음성은 15년 동안의 괴로움을 한꺼번에 씻어 주고도 남음이 있었다.

그녀는 감격한 나머지 그날 밤은 잠을 이룰 수 없을 만큼 흥분했다.

그녀는 그 뒤로 교단에 가는 일을 그만두었다. 자기에게 있어 백만대군처럼 든든한, 모습없는 목소리에 귀를 기울이고 그 목소리를 홀로 소중히 간직하고 싶었기 때문이다.

날마다 계속 모습없는 목소리가 들려 왔다. 일을 잘 맞추었고, 빗나가는 일도 있기는 하였으나, 이제 와서 의지할 것은 그 목소리뿐이라고 생각했다.

그녀는 다께오가 잠이 들면 신의 음성에 열심히 귀를 기울였으나, 두 달 석 달이 지나는 동안, 신의 음성에 통일성이 없음을 느끼기 시작했다.

아침에 한 말과 저녁에 한 말이 전혀 달랐고, 그런 탓으로 어떻게 해야 좋을지 가끔 갈피를 잡지 못하는 일이 있었기 때문이다.

그녀가 의문을 품으면 으레히 신은 화를 냈다. 그리고 마침내 다께오를 없애 버리라는 말까지 하게 되었다. 그녀가 그런 일은 할 수 없다고 말하자, 신은 버럭 화를 내면서 다께오가 있기 때문에 너는 불행한 거라고 불호령을 내리는 것이었다.

그녀는 귓가에서 속삭이는 신에 대하여 비로소 크게 의문을 품게 되었다. 다께오를 죽이고 자기가 행복해질 까닭이 없기 때문이었다. 분명히 다께오는 여늬 애들과 달랐다.

다께오의 장래를 생각한다면 앞날은 캄캄하기만 했다. 하지만 그렇다고 다께오를 죽이고 자기가 살아 있을 수는 도저히 없으며, 그것이 어째서 행복해지는 길과 연결이 된단 말인가. 그녀는 신에게 말했다.

"당신은 도대체 누구십니까? 모습을 보여 주세요. 당신이 말하는 건 모두 엉터리입니다. 나는 속지 않습니다."

그러자 신은 큰소리로 웃기 시작했다. 그날 밤은 그대로 잠자고 말았다.

어느 날, 여학교 시절의 친구를 길에서 우연히 만났다. 그녀는 가까운 다방으로 들어가 커피를 마시면서 지난날의 추억에 잠겼었으나, 그때 친구에게서 영적(靈的)인 현상에도 실한 것과, 그렇지 않은 것이 있다는 말을 듣고, 그녀는 그 이야기를 꼭 들어야겠다고 생각했다.

현재 자기에게 일어나고 있는 영적인 현상은 납득이 가지 않는 점이 너무나 많고, 이대로 나가다가는 미치고 말 것만 같이 생각되었다.

하지만 친구에게서 그 이야기를 들은 다음부터는 어찌 된 일인지 모습도 없이 들려오는 목소리는 그녀를 몹시 협박하는 것이었다.

"넌, 그런 곳에 가서는 안된다. 가면 죽여 버리겠다."

"아들이 사랑스럽지 않느냐. 애는 미치광이가 되고, 너는 가메따로오처럼 자동차 사고로 죽는다."

"가서는 안된다. 넌 내 것이니까, 너는 내 것이란 말이다."

그녀는 도저히 밤에 잠을 이룰 수가 없었다. 밤마다 가슴이 눌리고 낮에는 잠이 부족해서 의식이 몽롱해지고, 일을 하러 가도 일이 손에 잡히지 않았다.

하지만 그녀는 용기를 내어, 내가 주최하는 강연회장에 나타났던 것이다.

지배하고 있던 마왕

강연회장은 어느 절의 넓은 방을 쓰고 있었고, 150명 가량 모여 있었다. 강연회장에는 사람이 가득차 있었다.

그녀는 뒷자리에 앉아서 이야기를 듣고 있는 사이에 그만 꾸벅꾸벅 졸고 말았다. 빠뜨리지 않고 이야기를 잘 들으려고 정신을 바짝 차리건만 눈이 자꾸만 감기면서 잠이 오는 것이었다. 빙의현상(凴依現象)의 특징인 것이다.

나는 이야기를 하면서 그녀의 의식을 보니 본인은 열심히 이야기를 들으려고 애쓰고 있었다. 나는 타력신앙(他力信仰)의 무서움을 특히 강조했다. 그녀는 귀를 기울여, 정신을 통일시켜 이야기를 들으려고 하는 것이었으나 곧 졸음이 쏟아져 왔다.

한 시간 남짓 걸린 이야기였으나, 그녀에게는 굉장히 긴 것도 같고, 짧은 것도 같은 이상한 기분이 들었다.

나는 그녀를 가리키며, 이리로 오라고 권했다. 그 까닭인즉 빙의령을 제거시키고 저주받은 가정에 종지부를 찍어 주고 싶었기 때문이다. 연단쪽으로 오라는 말을 들었을 때의 그녀는 무슨 일을 겪을지 모를 일이고, 무엇보다도 오늘이 처음이었으므로 자리에서 일어날 용기조차도 일어나지 않는 것처럼 보였다.

자존심이 강한 그녀로서는, 오늘의 자기는 조금 이상하다는 생각조차 드는듯 했다. 하지만 많은 사람의 눈초리가 자기에게 쏠려 있다는 것을 알자 그 눈초리를 피하기 위해서도, 마지못해 자리에서 일어나 연단을 향해 왔다.

나는 얼굴 표정이 굳어져 있는 그녀를 향해 말했다.

"당신은 고생도 무던히 많이 하셨군요. 고생을 면하려고 이리저리 신앙을 구하러 다니기도 하였었군요. 이상한 신앙은 결코 믿지 말아야 합니다. 신은 건들이지 않는 한 화를 주지 않는다는 속담을 알고 있을 겁니다. 섣불리 신앙생활을 하면 무서운 결과가 옵니다. 마음도 몸도 잃게 됩니다. 지금 당신의 뒤에 있는 이나리 대명신이라는 여우를 당신에게서 떼어 내겠습니다. 몸이 무겁지요? 어떻습니까?"

나는 강연회장의 분위기에 따라서 말투가 몹시 강력해질 때가 있다. 이날도 그랬었지만, 그녀의 개인적인 문제에 관여했던 탓이었는지, 그녀의 공포심은 어느 정도 사라지고 마음이 안정된듯 했다.

"네, 몸이 무거워서 곤란을 겪고 있습니다. 요 며칠 동안은 밤에 잠도 잘 이룰 수 없습니다."

"그럴 겁니다. 당신은 지금까지 계속 이상한 종교를 믿어 왔기 때문입니다. 몸을 편히 하고 눈을 감으시오."

그녀는 말하는 대로 눈을 감고, 몸의 힘을 뺐다.

그러자 갑자기 그녀의 의식이 자기 몸에서 빠져 나가 앉아 있는 자기의 몸을 밑으로 내려다보는 형편이 되었다. 제3자에게는 보이지 않으나, 나는 알 수 있었다.

그와 함께 그녀의 몸은 저승의 여우가 그녀의 의식을 지배하고 이야기를 시작하는 것이었다.

나는 강연을 할 때와 마찬가지로 센 말투가 되었다.

"그대는 누구요? 이름을 대시오."

"나는 말야, 나는 말이지."

"나만으론 알 수 없다. 이름이 무엇이냔 말이다?"

"누구건 상관없잖아……."

"여러분! 이 여성의 육체를 지배하고 있는 것은 여우입니다. 저승의 여우가 이 여성의 육체를 지배하고 있습니다. 더우기 한 족속을 데리고 수십 마리나 되는 여우들이 이 사람을 지배하고 있습니다. 이래서는 몸이 무거워서 견딜 수 없을 겁니다. 신경통도 걸리게 됩니다."

나는 우선 회장의 여러 사람에게 설명을 하고,

"그대들은 이 사람의 마음에 집을 짓고, 조화되지 않은 원인을 여러 가지 만들어 왔다. 이대로는 용서를 받을 수 없는 거다. 자, 이 사람의 몸에서 떠나겠는가? 그렇지 않으면 떠나지 않겠는가? 어떻게 하겠느냐?"

"……"

"내가 지금 이나리 대명신을 부를테다. 그렇게 하면 대명신을 따라 가서 하늘의 이치를 잘 배우도록 하여라. 알아 듣겠지?"

이렇게 말하고 빛을 보냈다. 빛을 보내고 있을 바로 그때였다.

시커멓고 큰 그림자 같은 것이 반대쪽에서 그녀의 몸 속으로 휙 미끄러져 들어갔다. 그녀 자신의 육체는 순간 강한 충격파를 느꼈으나 그녀의 육체에서 빠져 나온 의식은 가만히 있었다.

"그대는 누군가? 마왕인가? 그대는 이 여성을 어떻게 하겠다는 건가?"

내가 이렇게 말하자, 와하하하! 와하하하! 강연회장이 쩌

렁쩌렁 울려퍼질 듯한 커다란 웃음소리가 그녀 자신의 입에서 흘러 나온 것이다.

회장에 모인 사람들은 한 순간 웃음소리에 넋이 빠진듯 했다.

"마왕! 잘 들어라, 내가 하는 말을 잘 들어야 한다."

"뭐야, 뭐냔 말이야!"

큰 목소리로 대답을 했다.

"너는 지금 이 사람에게 빙의가 되어 있지만 이 사람의 가정에 3대에 걸쳐 불행을 안겨주고 말았다. 그 죄는 도저히 용서받을 수 없는 거다. 그대 자신도 전생에서는 이 지상계(地上界)에서 육체를 지니고 인생을 배워 온 일이 있었을 게다. 앞날을 알 수 없는 인생을 살아 가는 인간의 마음을 어지럽히면서 그 결과가 어떻게 되리라는 것은 너도 잘 알고 있을 게 아닌가. 그런데도 너는 이 여성에게 빙의되어, 아니 이시다의 가문 3대에 걸쳐서 많은 사람들을 불행의 구덩이 속에 빠뜨려 왔다. 어때, 이만하면 너도 죄에 대한 의식을 알 수 있겠지? 인도에 있었을 때에도 너는 내 앞에 나타났었다. 그 때, 너는 죄의식을 깨닫고 사람들을 구원하겠다고 약속했었지 않았느냐? 그런데 어떻게 했지? 이게 무슨 꼴이냐 말이다."

그녀의 의식은 이 말을 위쪽에서 가만히 듣고 있었다.

그녀의 입장으로 볼때 검고 큰 그림자는 그녀의 몸을 통해 앞뒤로 흔들리고 있는 것처럼 보였다.

내가 빛을 보내 주자 마왕은,

"으윽! 으윽!"

하고 신음소리를 냈다.

조금 전의 마왕의 위세는 어디로 갔는지 방법을 바꾼 듯한 느낌이 들었다.

"어떻게 하겠느냐? 그대도 신불의 자식이 아니겠느냐? 신불의 자식인 이상 죄의식을 깨닫고, 사람들을 구원할 마음을 왜 지닐 수 없느냐 말이다."

이때 마왕은 그녀의 몸에서 뛰쳐 나갈 시늉을 하고 도망치려는 자세를 취했다.

"그대가 아무리 도망치려고 해도 도망칠 수 없는 거다. 도망칠 수 있다고 생각하면 도망쳐 봐라."

마왕의 그림자는 크게 흔들리건만 하루의 몸에서 밖으로 나갈 수가 없었다.

"빛으로 그대의 몸을 싸고 있는 탓이다. 어떠냐? 진정으로 사과를 하겠느냐? 그렇지 않으면 같은 잘못을 다시 계속할 셈이냐? 만약 잘못을 계속 저지를 생각이라면 나는 너를 여기서 봉인(封印)하고 말테다. 어찌하겠느냐?"

그녀의 의식은 조마조마하면서 지켜보고 있었다. 앞으로 도대체 어떻게 될 것인가? 지금까지 이나리 대명신인가 하던 모습없는 목소리의 주인공이 현재 자기의 육체를 지배하고 있는 악마라고는 그녀에게는 상상조차 할 수 없는 일이었으리라.

또한 이시다 가문에 얽힌 악마라는 말을 듣자, 소름이 끼칠 정도로 두려운 생각이 앞서 그녀는 사시나무 떨듯 떨고 있었다.

나와 마왕이 주고 받는 말을 듣고서 그녀는 자기의 입장을 발견하고 언제 자기가 자기의 육체로 돌아갈 수 있을 것인지 조금은 걱정이 되었던 것이다.

"마왕! 어찌 된 거냐? 말을 해봐! 자 이제 말을 할 때가 됐을 게다."

"음, 그때 나는 다시 온다고 말했다. 그 일을 잊었나!"

"그것은 네가 지은 죄를 속죄하고, 사람들을 구원하는 사람이 되어서 온다는 뜻이 아니었었느냐!"

"……."

"사실 너는 그 다음에 일본에 태어났던 게 아니냐? 마왕인 채로는 인간으로서 태어날 수 없었다. 그랬었지? 일본에서 태어난 너는 많은 고생을 해왔다. 어렸을 때부터 모진 고생을 해왔고 네가 겪은 고생은, 나도 알고 있는 터이다. 하지만 그 고생을 원수로 여기고 마음 속에 악귀가 도사리게 되었다. 마음 속에 악귀가 도사리고 있어서는 인간은 구원을 받을 수 없는 거다."

"그렇지, 그때는 고생 많이 했지."

"자, 너도 신불(神佛)의 자손이다. 동물이라 할지라도 하느님의 자손이다. 네가 와서 두려워 하고 있는 여우들을 데리고 이 여성의 육체에서 순순히 떠나가는 거다."

"나는 동물이 아니야. 나는 마왕이란 말이야."

"마왕일지라도 동물 이하의 행동을 하고 있지 않느냐? 마왕이라면 마왕답게 전날의 잘못을 뉘우치고, 사람들을 인도하는 하느님의 아들인 자기 자신으로 돌아가야 한다."

"알았어, 알았다니까. 말한대로 할께. 아! 지쳤다, 지쳤어."

검은 그림자는 기진맥진한 형상으로 고개를 숙이고 있었다.

그녀의 의식은 마왕이 가냘픈 한낱 모습으로 되어 가는 것을 바라다보고, 저승이 있다는 것을 똑똑히 알 수 있었다.

마왕은 처음에 검고 큰 그림자처럼 보이더니 차츰 그 모습을 드러내기 시작하더니 입은 귀 있는 곳까지 찢어지고, 눈은 번들번들 빛나고, 머리에 뿔 같은 것이 돋아나 있었다.

그런 모습이 이렇게 대화를 나누고 있는 사이에 입도 눈도 머리도 보통 사람의 모습처럼 되었고, 마치 요술이라도 보고 있는 것 같아서, 이상한 일도 있구나! 하고 생각하게 되는 것이다.

"이나리 대명신을 부를테니, 우선 그곳에 있는 여우들을 내 보내도록 하라."

"노여움을 살텐데 정말 야단났군. 지난번에도 대명신에게 심한 꾸중을 들었는데, 큰일났다."

"걱정하지 말아, 괜찮아. 내가 잘 말해 줄테니."

"예, 예."

마왕과 여우들은 그녀의 몸에서 팔로, 다시 손 끝을 지나 그녀의 육체에서 나가고 말았다.

하루의 육체는, 마왕이 들어와 있었을 때에는 책상다리를 하고 몸을 뒤로 젖히고 있었으나, 육체에서 빠져 나가자 두 손을 머리보다 높이 쳐들고, 서서히 상체가 앞쪽으로 기울어지듯 하더니 쓰러지고 말았다.

이때, 그녀 자신의 의식은 그때까지 제3자의 입장에서 바라보고만 있었으나 마왕이 육체에서 떠나는 단계에 이르자, 누군가에게 의식이 끌려가는 듯하여 갑자기 괴로워지면서 어딘가 먼 곳으로 끌려가는 듯한 기분이 되고는 그대로 무의식상태로 빠져 버렸다.

얼마나 시간이 지났을까? 그녀는 그와 같은 무의식 상태 속에서 이윽고, 따뜻한 산들바람이 부는 듯한 느낌이 들고, 어느 공간을 무언가의 부축을 받으며, 이동하여 이윽고 정신을 차렸을 때에는 어느덧 자기의 육체에 자기 자신이 들어가 있었다.

나는 자기의 육체로 돌아온 그녀를 향해 세차게 에너지를 보급했다.

그녀는 육체에서 의식이 나가 있을 때에는 피곤을 조금도 느끼지 않았으나 막상 육체에 자기의 의식이 돌아오니 온몸에 피로를 느끼고, 마치 중노동을 하고 난 뒤처럼 맥이 빠진 것만 같았다.

말없이 잠자코 있으려니까, 피곤한 느낌이 차츰 사라지고, 이윽고 몸이 가벼워졌다. 예전의 무겁고 답답한 상태와는 비교도 안될 만큼 상쾌해졌다.

"기분이 꽤 가라앉은 것 같군요."

내가 이렇게 말하자 그녀는 곧 바로 대답을 할 수는 없었으나 마음을 가라앉히더니 자기가 느꼈던 일을 그대로 말하기 시작했다.

"예, 감사합니다. 지금까지의 저와 지금의 저를 비교할 때 전혀 다릅니다. 이것이 내 몸인가 생각될 정도로 가벼워졌습니다."

"정말 다행입니다. 이상한 종교 같은 것을 믿어서는 안 됩니다. 앞으로는 사람을 의지하지 말고 해야 할 일을 해 나가야 합니다. 반드시 생활도 정리가 될 겁니다. 그러기 위해서는 우선 사물을 올바르게 보고, 옳게 듣고, 옳게 생각하고 말한다는 것을 늘 명심하십시오. 자기의 입장에서만 사물을 보게 되면 아무래도 욕망이 강해지고, 남을 비난하게 됩니다. 남을 저주하거나, 미워하거나, 화를 내는 마음은 모두 자기라는 자아욕망(自我欲望)에서 생긴 것입니다.

당신의 배후에는 마왕과 여우들이 많이 있었습니다. 이것은 당신 스스로가 남을 미워하거나 질투하는 마음이 강했던 탓입니다. 그와 같은 마음으로 믿음을 갖고 있었으므로 갖가지 빙의령을 당신이 불러들인 것입니다. 모든 원인이 당신 자신에게 있었던 것입니다. 당신의 마음에 남을 사랑하는 마음이 있었다면 이런 일은 생기지 않았을 겁니다.

당신은 항상 '나는 불행하다, 나는 불행하다'고만 생각하여 자기의 처해진 환경을 생각하지 않고 바깥쪽만 바라다보고 부러워하고 있었습니다. 이래가지고는 언제까지나 행복해질 수 없는 겁니다. 진정한 행복이란 밖에서 얻는 게 아니라, 자기의 마음 속에서 만들어 내는 것입니다. 아무리 풍족한 환경에 처해 있어도 남을 욕하고 불평만 늘어 놓는다면 불행한 것입니다. 까닭인즉 행복과 불행의 갈림길은 마음이 평안한가 평안하지 못한가, 하는 것에 달려 있기 때문입니다. 육체를 지니고 있으면 이 점이 아무래도 이해할 수 없는 것 같습니다. 아무래도 물질에 사로잡히고 맙니다.

사실 이런 사람이 많이 눈에 띕니다. 하지만 사람은 태어날 때도 죽을 때도 혼자입니다. 살아있는 동안도 물론 혼자입니다. 자기의 괴로움이나 슬픔을 이해할 수 있는 사람이란 사실은 자기뿐인 것입니다. 결코 남이 아닙니다. 다시 말해서 이 땅 위에서, 지금 이 시각에 살아 있는 사람은 자기 혼자라는 말입니다. 다른 사람들은 자기가 살아 가는데 필요한 갖가지 도덕교과서 정도라고 알면 됩니다.

당신이 밤에 잠을 자고 있을 때에는 아무 것도 모릅니다. 그렇죠? 당신은 아침에 잠이 깨어서 비로소 아, 나는 지금 여기 있구나, 하는 것을 알게 되고, 남편의 일, 아이들의 일을 생각하기 시작할 것입니다. 다시 말해서 당신이 있고 남편이나 애들이 있는 것이 아니겠습니까? 당신이라는 존재가 없다면 아이들의 일도, 남편에 대한 일도 생각할 수 없을 겁니다. 애들이나, 남편이나 부모나 형제나 이웃들은 당신이 살아가는 데 필요한 훌륭한 교과서인 겁니다.

불평이나 질투나, 노여움에 불타는 사람들의 괴로움, 그와는 반대로 사람들과 조화되고, 애정이 풍족하게 살아가는 마음이 평온한 사람을 볼때, 당신은 어느 쪽을 택하겠습니까? 아마도 후자를 택할 겁니다. 그러면 되는 것입니다. 사람은 모두 사랑의 그늘에서 살아 가도록 되어 있기 때문입니다. 서로가 남에게서 좋은 것만 본받고, 서로 도우며 살아 가는 곳에 보다 나은 행복이 빛나기 때문입니다.

그렇지만 행복은 우선 자기의 마음에서 만들어 내도록 합시다. 남이 행복을 가져다 준다고 생각해서는 안됩니다. 그런 식으로 인간은 되어 있는 게 아니기 때문입니다.

마찬가지로 사람의 마음은 이 대우주를 삼킬 만한 포용성을 지니고 있어서 그 대우주 안에는 동물도 식물도 광물도 선도 악도 없습니다. 악은 원래 사람이 만들어 낸 것입니다만, 그런 모든 것을 사람의 마음은 모두 포함하고 있습니다. 그러므로 생각하는 것, 마음 속에서 소원하는 일은 즉시 나타나도록 되어 있는 것입니다.

이렇게 말해도 현재의 당신에게는 확실하게 느껴지지 않을지 모릅니다. 하지만 이시다 집안의 3대에 걸친 불행은 3대의 자기 보존, 자기의 욕심, 위장된 자기에게 희롱당한 사람들의 생활의 기록이었다고 말할 수 있습니다.

당신의 남편이었던 가메따로오씨는 온순한 사람이었으나, 남에게 대해서는 몹시 냉정했고 늘 고독했었지요. 어두운 가정 환경에서 자라나 어렸을 때부터 술주정뱅이인 아버지가 무섭고, 늘 겁을 집어먹고 있었습니다. 고독과 공포심이 자기의 마음을 더욱 더 움츠러 들게 만들어 불행을 자아내게 했습니다.

남편을 영계(靈界)로 승화시키기 위해서는 당신의 마음이 조화를 이루어야 합니다. 중요한 것은 올바른 생활을 하는 일입니다. 아드님의 소아마비도 당신이 변하면 틀림없이 기적이 일어나고, 어른이 된 다음에는 웬만한 일은 다 할 수 있게 될 것입니다. 자, 오늘부터 용기를 내서 힘껏 사는 겁니다."

그녀는 강연회장에 모인 사람들의 눈초리도 아랑곳없이 큰소리로 엉엉 울고 있었다.

감격의 눈물

그녀는 그로부터 원래의 강한 성품으로 모습없는 목소리를 들으려고 하지 않았고, 그 목소리가 들려오기 시작하면, 그것을 부정하고 착한 자기의 본래의 마음으로 자기의 생각이 돌려지도록 했다. 말할 것도 없이 주문도 그만두게 되었다.

정신통일을 위한 생각의 방향을 지금까지와는 다르게 방향을 바꾸고, 건강하게 일에 열중하고, 집에서는 열 여섯살이 된 소아마비 아들 다께오와 명랑하게 이야기를 나누도록 노력했다.

하루 하루가 이상하리만치 즐겁게 지나갔다. 마음의 방향을 어두운 면에서 밝은 면으로 바꾼 것만으로도 이렇게 기분이 상쾌해지리라고는 자신도 미처 알지 못했던 것이다.

그녀 자신이 명랑해지자 아들 다께오도 명랑해졌다. 모자 두 사람의 가정은 조촐하지만 화기애애한 분위기로 바뀌었다.

그러는 사이에 어느새 반년이 지났다. 다리가 부자유스럽던 다께오의 몸에 약간 회복되는 징조가 보이기 시작했다. 다리가 부자유스러운 몸으로 걸음을 걸을 때는, 으레 좌우로 몸이 흔들렸으나, 그 흔들리는 게 전보다 훨씬 덜해졌다.

그녀는 아들인 다께오에게 이 사실을 말해 주었다. 다께오도 그것을 느끼고 있었던 것 같았다. 학교에서는 되도록 운동장으로 나가서 달리고 뛰곤 하여 허리와 다리 운동을 하고 있었다.

다께오는 열 여섯살이지만 중학교 2학년 학생이었다. 소아마비를 앓은 몸이어서 진학이 늦어졌고, 그 때문에 늘 고독했으나, 지금은 자진해서 체육시간에도 참가하고 있었다.

가을철 운동회날 불꽃놀이가 시작되고, 학부형들이 줄지어 지정된 곳으로 모여 들었다.

그녀는 해마다 운동회는 빼놓지 않고 보러 갔었다. 이유인즉 운동회에 참가하지 못하는 다께오를 위로하고, 함께 교정한 구석에서 김밥을 먹기 위해서였다. 방학이 되어도 영화나 연극을 구경하러 다께오를 데리고 갈 마음의 여유도 없었고, 병원에 갈 생각이 있어도, 병원비를 생각해 보면, 경제적으로 불가능한 일이었다. 그런 이유로 운동회 때만이라도 모자 두 사람의 유일한 리크리에이션이라고 생각하고 빼놓지 않고 갔던 것이다.

하지만 다께오의 친구들이나 부모형제들이 웃어대는 즐거운 광경을 흘낏 볼때 그녀의 마음은 늘 슬픔에 젖곤 했다.

"지지 않는다, 나는 지지 않는다……"

그녀는 그렇게 자신에게 스스로 타이르고, 다께오와 김밥을 먹곤 했었다. 그런데 이번 운동회에서는 그 다께오가 두 사람이 한 다리씩 함께 묶고 뛰는 경주에 출전한다는 것이었다.

그녀의 마음은, 하늘에라도 오를 듯한 기분이었다. 야마시다군이 다께오와 짝을 지어 주었구나 생각하니 고맙기 그지없었다. 상대에게는 안됐다는 생각도 들었다. 하지만 경주에 참가할 수 있는 아들의 건강한 모습을 상상하니, 그녀는 전날 밤 한 잠도 잠을 이룰 수가 없었다.

푸른 하늘에 번져 가는 불꽃들은 그대로 그녀의 기분을 알려 주는 듯했다.

다께오의 순서가 되었다.

준비 탕! 하는 신호로 5조(五組)가 일시에 달리기 시작했다. 처음에는 모두 한 줄로 서서 달렸으나, 차츰 거리가 생겼다. 그녀는 다께오가 열심히 달리는 모습만을 뚫어지게 바라다보더니 느닷없이,

"다께오! 다께오!"

하고 목청이 터지도록 소리를 지르며 응원을 했다.

출발점에서 결승점까지의 거리는 1백 미터였다. 그녀가 보고 있던 장소는 결승점에서 15미터 근처의 지점이었다.

다께오와 짝을 지은 야마시다군은 숨을 헐떡이며 어깨를 흔들면서 결승점을 향해 달려가고 있었다. 두 사람의 호흡이 맞고 있었는지 다께오 조는 다른 조를 제치며 달리고 있었다.

그녀의 얼굴에 눈물이 흘러 내렸다. 응원하는 목이 메어 왔다. 주위에서 지르는 함성도 그녀의 귀에는 들려오지 않았다.

그녀는 손수건으로 눈물을 닦고 결승점에 골인한 다께오의 1등 입상에 엉엉 소리를 내고, 그 자리에 쓰러져 울고 말

왔다.

감격과 흥분된 감정에서 겨우 자신을 되찾은 그녀의 앞에 온통 웃음 띄운 얼굴로 다께오가 서 있었다.

두 사람은 손을 맞잡고 마음껏 웃었다.

그녀에게 있어, 올바르게 사는 사람의 행복감을 이때처럼 강하게 느낀 적은 예전에는 한번도 없었다. 이렇게 하여 이시다 집안에 얽힌 저주에서 그녀는 스스로 완전히 벗어날 수 있었다. 그리고 새로 태어난 자기를 마음 속에서부터 신에게 감사하는 것이었다.

제 2 장
물질문명의 함정

마음이 병들다

둑 기슭의 길다란 언덕이 초록빛으로 물들고, 어린 잎이 돋아난 버들이 봄바람에 한들거리고 있었다. 푸른 하늘과 둑 기슭의 초록빛이 거울 같은 물을 더욱 산뜻하게 비추고 있었다.

물을 들여다 보면 작은 물고기떼가 마냥 즐거운듯이 헤엄쳐 놀고 있었고, 5,6명이 낚시줄을 느리고 있었다.

나는 물끄러미 그러한 풍경을 바라다 보며, 한가로운 스미다 강(隅田川)의 경치 속에 잠겨 있었다.

바로 그때였다. 어딘가 먼 곳에서 부저가 울렸다. 한 번, 두 번, 세 번……. 회를 거듭할 때마다 나의 귓가 가까이에서 울렸다. 나는 깜짝 놀라 눈을 떴다.

"아아! 꿈이었군……."

나는 현실의 자신으로 돌아오자 무언가 허전한 느낌이 들었다. 그도 그럴 것이 지금의 스미다 강은 옛날 모습을 찾아볼 길이 없었으니 말이다. 물은 시커멓고, 강기슭은 차디찬 콘크리트로 굳혀지고 양쪽 기슭을 따뜻하게 싸고 있던 잔디밭의 초록색은 어디를 가나 찾을 길이 없었다.

또한 기슭 위를 달리는 고속도로는 스미다 강의 아름다운 경치를 완전히 망쳐 놓고 있었다. 밤낮없이 이곳을 달리는 자동차의 수는 몇 천대 몇 만대에 이르렀다. 멀리서 바라보면 마치 벨트콤베어에 실린 장난감의 행렬과도 같았다. 소음과 배기 가스, 게다가 공장에서 흘러 내리는 폐수로 인해 옛날의 스미다 강의 모습은 어디서도 찾아볼 길이 없었다.

고속도로에서 보일락말락 늘어서 있는 빌딩들의 옥상에는 요란스럽게 칠한 광고 간판이 두서없이 눈에 띄었다. 반대쪽을 보면, 옛날 같으면 뚜렷이 보일 시골 지붕의 기와도 고도의 경제발전이 빚어 낸 부산물인 스모그 탓인지 아지랭이처럼 뿌옇게 흐려지고 말았다.

나는 사무실의 한 방에서 예전의 스미다 강을 추억하면서 시대가 너무나 급속히 변한 것과 자연을 파괴시킨 무서운 현상에 저절로 몸서리가 쳐졌다.

도대체 이와 같은 환경을 파괴시킨 원인이 무엇인가? 자연의 흐름이었을까? 그렇지 않으면 사람들이 마음대로 빚어 놓은 결과일까? 넓은 뜻에서는 역사의 흐름이라고 부르지 않을 수는 없으나, 사람들의 마음 속에 있는 것은 역시 끝없는 물질적인 욕망이 갖가지 비뚤어진 현상을 빚어 냈다고 말할 수 있을 것이다.

유물관(唯物觀) 위에 세워 놓은 생활 설계에서 반드시 문제거리가 생긴다고 해도 지나친 말은 아니다. 금권정치(金權政治)·노사분쟁·정욕(情慾)의 범람, 또한 이익이나 명예를 위해서 자기의 이름을 파는 일이, 항간을 뒤덮어서 사람들의 생활은 경거망동으로 기울어져 가고 있다.

신앙생활에 있어서도 하느님이나 부처님의 이름 아래 신도들은 몸도 마음도 속박을 당하여 꼼짝을 못하게 되고, 모순과 고뇌 속에서 괴로운 시간을 보내고 있다.

육체만을 중심으로 한 사고방식에 문제점이 생기고 있는

것이다. 하지만 대개의 경우 사람은 육체 이외에는 의지할 방법을 알지 못함으로써 육체라는 오관(五官)에게 희롱당하고 만다.

다시 말해서 가장 소중하면서 영원불멸한 마음이 육체의 고락(苦樂)에 빠져 좌우되고 마는 것이다.

환경 · 교육 · 사상 · 습관이라는 틀 속에서 우리들의 오관은 마침내 자기의 마음에게까지 명령을 내리게 된 것이다. 이를테면 타인과 자기는 협조하지 않는다면 타인뿐만 아니라 자기 자신조차도 멸망하고 만다는 것을 뻔히 알고 있으면서도 상대가 경쟁자일 경우면 곧바로 적이 되어 버리고 만다.

정치 · 경제 · 과학 · 기술, 혹은 개인적인 친구끼리의 사이일지라도 모두 이와 같은 어리석은 짓을 되풀이 하는 것이다.

우리들도 사람인 이상 누구나가 지니고 있는 마음이라는 근본적인 것을 너무도 소홀히 다루고 있는 것이 아닐까? 우리의 마음은 항상 사랑에 가득차고, 남들과 협조하도록 노력하고, 서로 남을 도와주며, 존경하고 평안한 생활을 하기를 바라고 있다. 하지만 오관에게 희롱당하여 욕망에 마음이 흔들리면 떨어질 곳은 아수라나 지옥세계가 뻔한데, 환경이나 습관 따위로 지지하게 이 세상을 살아 가는 형편이다.

당장 닥칠 일을 모르는 이 앞 못보는 인생은, 사실은 우리의 혼을 키워 주는 다시 없는 수도장인 것을 모르고 있다. 마음을 중심으로 보편적인 선(善)한 심성(心性)을 바탕으로 한 착한 생활을 계속한다면, 우리의 혼은 끊임없이 발전을 이룰 수 있을 것이다. 그렇게 되면, 지금 땅 위를 스모그가 뒤덮고 있듯이 우리의 마음까지 스모그로 뒤덮이는 일은 없으리라.

지금 내 방의 부저를 누른 사람도 역시 덜 수 없는 고뇌에서 해방되고 싶은 생각에서 찾아온 사람이 분명하다.

나는 자리에서 일어나 문을 열었다. 방 밖에는 슬픔에 잠겨 있는 중년 부부와 그것을 남의 일인양 빙글빙글 웃으며 서 있는 열 두세살 가량의 소녀가 서 있었다.

그 소녀는 이 부부의 딸일테지만, 웃는 얼굴과는 대조적으로 몸은 여위었고, 혼자 서 있는 것이 힘에 겨운듯 했다.

소녀는 양친에게 부축을 받으면서 방으로 들어섰으나, 들어서자마자 그만 쓰러지듯 눕고 말았다.

믿을 수 없는 사실

나까무라 지에꼬(中村智子), 중학교 1학년으로서, 나이는 13세, 이야기의 주인공이다.

아무 죄도 범한 일이 없는 순진하기만한 그 얼굴. 누가 아무리 보더라도 겉으로 보기에는, 그 이상한 성격을 찾아 낼 수 없었다.

하지만 지금 누워 있는 지에꼬의 뒤에는 입이 크게 찢어지고, 헝클어진 흰 머리를 어깨까지 늘어뜨린 눈이 이상하게 빛나는 귀신이 붙어 있었다.

지에꼬의 입을 통해 나오는 말은,

"꼴 좋다. 나는 이 계집애를 죽여 버릴 테다. 너희들을 끝까지 괴롭히고 말테야. 지에꼬는 내 것이란 말이다. 나를 이런 데로 왜 데리고 왔지! 어디 어떻게 되나 두고 봐라!"

양친이 슬퍼하는 것도 아랑곳 없이 귀신은 하고 싶은 말을 내뱉고 있었다.

지에꼬의 눈은 이상하게 빛나고 있었다. 그녀의 혼은 귀신의 품속 깊숙히 숨겨져서 자기의 육체를 스스로 자유롭게 움직일 수 없는 것이다.

"지에꼬는 정말 온순한 애였습니다만 이와 같은 욕설을 우리에게 퍼붓고는 괴롭히고 있습니다. 부디 살려 주십시오."

어머니인 게이꼬는 나를 보고 애원하며 합장을 했다.

게이꼬의 남편인 쓰요시는 지에꼬의 옆에 앉아 너무도 변한 딸을 곁눈질로 바라보고는 눈물을 글썽이고 있었다.

"부인, 지에꼬 양이 이와 같은 정신상태가 되기 까지에는, 무슨 원인이 있을 겁니다. 그 원인을 제거하지 않는 한 다시 같은 현상이 일어납니다. 원인을 없애야 합니다."

내가 부부의 얼굴을 보면서 이렇게 말하자, 지에꼬는 얼굴을 찡그리며 상반신을 일으키고,

"난 집으로 돌아가고 싶다. 이런 곳에 오고 싶지 않다고 했는데 이 사내와 계집이 억지로 데리고 왔어. 난 돌아가겠어. 돌아간단 말야."

지에꼬에게 빙의된 악령은 큰 소리로 소리치는 것이었다. 하지만 쇠약할 대로 쇠약해진 지에꼬의 몸은 악령이라 할지라도 뜻대로 되지 않았다.

"지에꼬, 너 때문에 여기까지 온 거다. 너는 이미 중학생이야. 부모의 마음을 좀더 생각해 줘야지!"

아버지인 쓰요시는 경솔하게 지에꼬의 얼굴을 힘껏 때렸다. 그 순간 지에꼬의 몸은 무너지듯 쓰러졌다.

아버지는 자신이 한 행동을 생각하고 기겁을 하게 놀라며, 지에꼬의 몸을 위로하듯 어깨에 손을 얹으며 그 자리에 쓰러

져 울고 말았다.

하지만, 지에꼬의 입에서 나온 말은,

"뭣하는 짓이야! 너 같은 것한테 잔소리를 들을 까닭이 없어. 나를 도대체 누구라고 생각하고 있어? 이 얼빠진 놈 같으니!"

하는 것이었다.

이미 부모로서 감당할 수 있는 지에꼬가 아니었다. 지에꼬의 인격은 이미 완전히 악령의 손아귀에 빠져 있어서, 사랑스러운 지에꼬는 아니었다. 하지만 부모는 예전의 온순했던 지에꼬를 꿈꾸고 있었다. 원래의 지에꼬로 되돌아 가기만을 바라고 있었다.

두 사람 얼굴 앞에다 입이 귀 밑까지 크게 찢어진 흰 머리의 귀신이 뚜렷이 모습을 드러낸다면 지에꼬의 몸은 지에꼬의 것이건만 속은 지에꼬가 아니라는 것을 알 수 있겠지만 지금 두 사람에게는 귀신의 모습은 보이지 않고, 머리가 이상해진 지에꼬라고 밖에는 생각되지 않았다.

"딸애는 늘 이렇답니다. 금년 4월 경부터 성격이 갑자기 변해서 완전히 다른 애처럼 되고 말았습니다."

게이꼬는 내게 죄송하다는 표정으로 이렇게 말했다.

나는 게이꼬의 말을 들으면서 지에꼬의 얼굴을 바라다보았다. 지에꼬의 성격이 이상해진 게 4월부터라면, 이상해진지 아직 두 달밖에 되지 않았다.

사람의 성격이 불과 두 달 사이에 이다지도 변하는 것일까? 그런 일은 있을 수 없을 것이다. 이렇게 되기까지에는 이렇게 될만한 원인이 틀림없이 있으리라.

지에꼬의 성격이 이상해진 것은, 어렸을 때부터 그 싹이 돋아나기 시작했을 것이다. 부모들은 일이 바빠서 지에꼬의 시중을 남에게만 맡겨 왔고, 지에꼬의 마음의 움직임에 대해서는 자세한 관찰을 게을리했던 것이다.

아이를 양육하는데, 부모의 애정은 빠뜨릴 수 없는 것이며, 애정을 풍족히 받으면 어린이는 순수하게 자라는 것이다. 게이꼬와 쓰요시는 그 일을 게을리했고, 일을 핑계삼아 아이의 마음에서 떠나 있었던 것이다.

게이꼬는 이렇게 말했다.

"저는, 시어머니와 남편과 아이를 위해 열심히 일했습니다. 진실하게 살았고 나쁜 짓 같은 건 한 일이 없습니다. 그런데 어째서 이렇게 고통을 받아야만 하는 것일까요? 하느님도 부처님도 믿을 수 없게 되었습니다. 왜 이런 재난을 당해야 합니까?"

그녀는 눈에 눈물을 글썽이며, 나에게 이렇게 하소연을 했다.

나는 고뇌에 허덕이는 그녀의 마음에 말없이 에너지를 보내며, 그 말을 듣고 있었다. 하지만 대부분의 사람들은 게이꼬의 생각과 마찬가지로,

"우리는 왜 이런 괴로움을 받아야만 하는 것일까? 아무 것도 잘못한 일이 없는데……"

라고 생각하고 만다.

이런 불평을 모르는 바는 아니지만 사람이란 자기의 일일 경우, 자기에게 편리하게만 생각하고 판단하며, 자신에게 매달려 응석만을 부리고 있다. 그것도 생활의 겉면만을 생각하고 마음의 내면의 작용에 대해서는 전혀 무시한채 말이다.

인간이 만든 법률이나 도덕은 어떤 행위에 대한 기준을 표시하고 있으나, 마음에 대해서는 아무런 법규도 없다. 따라서 선악의 기준을 자기 마음 속에 두고 그 기준에 저촉되지

만 않으면 된다는 식이다.

그런 식으로, 자기의 마음 속으로 상상하거나, 마음의 행위에 대해서는 대개는 무관심 하여 적어도 생각하는 것, 마음에 품는 것 쯤은 자유롭게 해 주기를 바라며, 또한 그러는 것이 당연하다고 생각하고 만다. 다시 말해서 마음 속은 무법천지가 되어 있는 것이다.

그런 탓에 게이꼬가 한 말은,

"우리는 아무 것도 나쁜 짓을 한 일이 없는데……"

하는 것뿐이었다. 그래서 나는,

"부인, 당신이 말하려는 뜻은 충분히 알겠습니다. 마음을 가라앉히고, 내가 하는 말을 잘 들어 주십시오. 지금의 괴로움은 지금 갑자기 생긴 것이 아닙니다. 반드시 원인이 있습니다. 물체에다 외부에서 힘을 가하면, 그 물체는 외부에서 힘을 받은 것과 반대방향으로 움직입니다. 다시 말해서 물체가 움직이게 된 데에는 움직이게 한 원인이 있었기 때문에 움직이는 것입니다. 또한 옛부터 '뿌리지 않은 씨앗은 돋아나지도 않는다'는 속담이 있습니다. 고락(苦樂)의 씨앗은 뿌리지 않으면 돋아나지 않습니다. 도대체 그 씨앗은 어디서 뿌려진 것일까요?"

이렇게 말하자, 게이꼬는 고개를 갸우뚱하며 생각에 잠겼다.

그녀의 머리 속은, 갑자기 빙빙 돌기 시작했다. 또한 그 씨앗을 찾아보려고 그녀 나름대로 필사적이었다. 하지만 그녀는 아무래도 그 원인을 잡아 낼 수가 없었다.

"부인, 당신은 남을 원망하거나, 시기하거나, 자신을 비관하거나, 화를 내거나 불평을 말하거나, 허세를 부리거나, 거짓말을 하거나, 남을 멸시하거나, 자기의 형편이 좋지 않으면 도망치려고 하였거나, 그러한 일들이 없었습니까?"

"그야 있지요. 내 스스로가 싫어질 때가 있습니다. 자신도 모르는 사이에 불평을 말하게 되지요."

"지금 당신이 받고 있는 괴로움은 그런 곳에 원인이 있는 겁니다. 지에꼬 양에게도 같은 말을 할 수 있을 겁니다. 지에꼬는 자기가 자란 환경이나 교육·사상·습관 가운데에 원인이 있는 겁니다. 모두가 마음을 어떻게 가졌느냐 하는 데에 문제가 있다고 말할 수 있을 겁니다."

"하지만 저 애는 아무 것도 부족한 게 없이 자랐다고 생각합니다. 용돈도, 입는 옷도, 학용품도, 친구들과 비교해서 별로 부끄러운 생각이 들게 하지는 않았습니다. 그런데 부모를 부모로 생각하지 않고, 더러운 욕설을 퍼붓는데 무엇이 부족해서 저러는 걸까요?"

게이꼬는 손수건으로 눈물을 닦으며 입을 다물었다. 게이꼬에게는 내가 설명하는 게 잘 이해가 가지 않는듯 했다.

"부인, 지에꼬 양에게는 진정한 부모의 애정이 부족한 데서 온 겁니다. 어렸을 때부터의 교육에 문제가 있었던 겁니다. 그런 탓으로 진정한 자기 자신을 알 수 없게 되었고, 악령에게 지배를 당하고만 겁니다. 지에꼬 양은 자기의 육체를 스스로가 지배할 수 없는 상태입니다."

게이꼬와 쓰요시는 나의 이 말을 듣자 놀라면서,

"그런 터무니없는 일이 어디 있습니까?"

하면서 매우 의심스럽다는 듯이 말했다.

"악령에게 지배를 당한다는 건 어떤 일을 말합니까? 우리로서는 상상조차 할 수 없는 일입니다."

게이꼬는 놀라면서 이렇게 물어왔다. 당연한 일이었다.

두 사람에게 있어, 눈에 보이지 않는 세계는 없는 것과 같으며, 인간사회는 눈에 보이고 피부로 느낄 수 있는 세계밖에 없다고 생각해 왔으며, 또한 그것을 알려고 해도 이해할 수 없는 일이 너무나 많기 때문이었다.

하지만 우리들의 주고받는 이야기를 누워서 듣고 있던 지에꼬는 갑자기 말투도 거칠게,

"이제 돌아가! 돌아가야지, 무섭단 말이야. 이제 돌아가잔 말야."

이렇게 소리소리 치며 기둣이 그 자리에서 도망치려고 했다.

그래서 나는 재빨리,

"지옥의 악마야! 도망치려고 해도 이미 너는 도망칠 수 없다. 이리로 돌아와, 이리로 돌아오란 말이야."

하고 호되게 꾸짖었다.

지에꼬의 육체를 지배하고 있던 악마는 내 얼굴을 노려보며, 먼저의 자리로 되돌아 갔다.

"너는 지에꼬의 육체를 지배하여 가족들에게 걱정을 끼치고 있어. 그것은 용서받을 수 없는 일이다. 나는 네 형상을 꿰뚫어 보고 있다. 이제는 그만 단념해라."

가엾은 지에꼬를 악령의 지배 밑에서 데려오려고, 필자도 정성을 기울였다.

열 세살의 소녀라고는 생각할 수 없는 지에꼬의 몰골이었다. 악령이 그 육체 속으로 들어가면, 이렇게도 인상마저 바뀌고 마는 것일까 하고, 이런데 익숙한 나도 놀라지 않을 수 없었다. 주름투성이의 노파의 인상으로, 열 세살의 가련한 애띤 얼굴이 바뀌고만 것이다. 정말 무서운 일이었다.

악마는 말문을 열었다.

"용케도 알아보았구나. 내 일을 훼방놓지 마라. 나는 이 계

집애가 좋아서 그러는 거다. 무슨 일이 있어도 이 애한테서 떠나지 않겠다. 거기 있는 두 사람은 부모다운 일을 무엇하나 해준 일이 없잖아. 낳기만 했을 뿐이야. 이제 와서 무슨 수작을 하는 거야? 정말 기가 막혀서 말이 안 나오는군."

여기까지 숨이 가쁜 듯이 말을 했다. 하지만 눈만은 이상하게 번쩍번쩍 빛나며, 요기(妖氣)를 띠고 있었다. 악마의 특징이었다.

"지옥의 악마여, 네가 지에꼬를 지배하면 지에꼬는 어떻게 되는 거냐! 너는 지에꼬를 불쌍하다고 생각하지 않느냐? 지옥계에서는 그래도 통할지 모르겠으나, 이 지상계에서는 통하지 않는다. 우선 너는 괴롭게 숨을 헐떡이고 있지 않느냐?"

"내가 괴로워한다고? 천만의 말씀. 재미있어서 미치겠다. 나로 말씀한다면 말야, 내 말 듣고 놀라지 말아. 이 몸은 기시모(鬼子母) 신령님이시다. 어때 놀랬지?"

악마는 대체로 시대에 뒤떨어진 말을 아무렇지도 않게 말한다. 옛날이라면 또 모르겠으나, 오늘날과 같이 이른바 민주주의 사회에서는 권위라든가, 권세나 허세 따위는 이미 통하지 않는다.

악마 가운데에도 오래된 것과 새로운 것이 있어서 오래된 악마일수록 현대에 통하지 못하는 시대에 뒤떨어진 일을 태연히 말한다.

2백년, 3백년 전에 죽은 지옥에 빠진 악마는 그 시대의 감각으로 말을 하므로, 아무래도 현대에 통용되지 않는 말을 입에 담는다. 상대방을 협박하는 말을 늘어 놓으면 예, 예, 잘못했습니다, 하고 넙죽 엎드리기라도 할줄 아는 모양이다. 더구나 지에꼬에게 빙의된 영은 별로 오래 된 것이 아니었다.

"기시모 신령, 너는 언제부터 지옥으로 떨어졌느냐? 너는 어디에서 태어났느냐? 말을해라."

나는 악마에게 물어보았다.

"나는 지옥 같은 곳에 없어. 니찌렌(日蓮) 종(宗)의 절에 모셔져서 살고 있는 거지."

"나는 네가 어디서 태어났는가를 묻고 있는 거다."

"난 인도의 신이란 말야, 인도의……"

"인도에서의 그 당시의 이름은 뭐라고 불렀느냐?"

"그러니까 기시모(鬼子母) 신령이라니까."

"거짓말 작작해라. 인도의 신에는 기시모 신이란 이름은 없다. 사실대로 말하는 게 어떠냐?"

나는 가엾은 악령을 구하기 위해 스스로 마음의 조화를 깨뜨리지 않도록 애쓰며 기시모 신령에 대하여 다음과 같이 말했다.

"기시모 신령이라고 말하는 너는 생전에 기시모 신령을 믿어 왔었지! 그랬지? 기시모 신령이란, 인도의 옛날 부처님의 제자였던 하리티라는 비구니의 이름이란다. 하리티는 지옥 같은 곳에는 있지 않아. 이제 거짓말을 하면 괴로울 것이다. 하리티는 불쌍한 어린이를 주어다 기른 훌륭한 어른이다. 그런 일을 하다가 이 세상을 떠난 것이다. 그런데 너는 지옥에서 나와서 이 계집애를 불행하게 만들고 있다. 네가 하고 있는 짓은 기시모 신령의 행동이 아니라 기시모 신령의 행동하고는 반대의 짓을 하고 있다. 순순히 내가 말하는 것을 들어야 한다. 너는 인생을 살아 가는데 있어 부처님이 말씀하신 올바른 마음과 행동하는 법을 지키지 않고, 지옥에서 괴로운 생활을 해왔다. 어떻게든지 지상의 사람들의 마음을 지배하고 그 고통에서 벗어나려고 생각하여 지에꼬에게 빙의된 것이 아니냐? 너도 내가 말하는 것을 순순히 듣고 실행한다면, 반드시 구원을 받을 것이다. 왜냐하면 만물은 모두 하느님의 자손이니까 말이다."

악마는 조용해지고 말았다.

악령은 옳은 말과 다정한 말을 가장 무서워하는 법이다.

나는 자리에서 일어나자, 지에꼬의 가슴과 등에 두 손을 대고, 누르듯이 하여 기도를 올렸다.

"하느님이시여, 우리는 이 지상에 부모의 인연으로 인생행로의 수도(修道)를 목적으로 한 육체라는 배를 받아, 그 혼을 갈고 닦아 하느님의 몸이신 이 지상에 사람들의 마음과 마음의 조화를 이룬 평화로운 낙원을 이루기 위해 태어났습니다. 하지만 우리가 태어난 환경·교육·상상·습관 속에서 어느 때는 남을 원망하고 시기하며, 비난하고 화를 내며, 불평을 말하고, 만족할 줄 모르고, 어떤 경우에는 거짓말을, 또한 어느 때는 도둑질을, 또한 감사하는 일을 잊고, 은혜에 보답하는 행위를 잊고, 많은 행동의 지침으로 삼고 생활하고자 합니다. 지금까지 지은 죄를 용서해 주옵소서."

지에꼬의 얼굴은 경련을 일으키듯 일그러지고 나에게서 도망치려고 했다.

"이 지에꼬를 지배하고 있는 지옥의 악령이여! 너희들에게도 자기 자신에게 거짓말을 할 수 없는 마음이 있을 것이다. 그 마음이야말로 하느님의 자손이라는 증거인 것이다. 이 지에꼬의 몸을 지배하여 지에꼬의 마음을 혼란에 빠뜨리게 하고, 가족에게 걱정을 끼치게 하는 일은, 하느님의 자손이 할 수 있는 도리인가 아닌가를 잘 생각해 볼 일이다. 이 이상 죄를 범해서는 안된다. 너희들은 괴로운 지옥에 빠져 있는 거다. 어둡고, 차갑고, 조화되지 못한 지옥에서 비슷한 사람들의 마음과 통하여, 이 지상의 육체를 지배하고 있지만, 너희들에게는 마음의 평화라는 게 없을 것이다. 어째서 지옥으로 떨어졌는지를 생각해 보았느냐. 너희들이 지상세계에서 생활을 했을 때에 자기 본위의 욕망대로 인생을 보냈기 때문인 것이다. 그런 탓으로 자기 마음 속에 어두운 장벽을 치고, 하느님의 자애스런 빛을 가로막고만 것이다. 지금까지의 과오를 반성하고, 잘못이 있으면 하느님께 사죄를 올려라. 그러면 너희들의 마음 속은 어두운 장벽은 걷히고, 평안함이 깃든 하느님의 빛으로 가득 찰 것이다. 자, 그럼 지에꼬의 마음과 육체에서 떠나 가거라."

기도를 마치자, 지에꼬의 몸에 가벼운 진동이 일어났다.

이윽고, 몸의 힘이 빠지면서 나에게 기대듯이 하며 그대로 눕고 말았다. 지배하고 있던 악령이 빠져 나간 것이었다. 하지만, 지에꼬의 의식은 악령에게 붙어 있었으므로 호흡이 곤란해지며 의식불명 상태가 한동안 계속되었다.

이윽고 의식이 되돌아 오기 시작하고, 지에꼬의 애띤 얼굴이 되살아 났다.

나는 지에꼬의 아버지에게,

"이 건물의 2층에 사또오 박사가 경영하는 병원이 있으니까, 건강진단을 받아보도록 하십시오. 영양제 주사를 맞고, 체력을 회복시켜야만 됩니다. 지금이라도 바로 지에꼬 양을 데리고 가 보십시오."

이렇게 말했다.

쓰요시는 걱정스런 듯이 지에꼬의 얼굴을 바라보고 있더니, 그는 지에꼬를 들쳐 업고 방을 나갔다.

게이꼬는 엉거주춤하며 지에꼬의 뒷모습을 지켜보면서,

"괜찮을까요?"

이렇게 말하면서, 지에꼬의 뒤를 쫓아가려고 하였으므로,

"부인, 좀 의논할 일이 있으니 여기에 계십시오. 지에꼬 양은 괜찮을 것 같으니 걱정하지 마시도록……."

하고, 게이꼬에게 의자를 권했다.

"부인, 부인은 지에꼬 양과 전혀 대화가 없었던 것 같군요."

"예, 미장원을 경영하고 있어서요. 일에 쫓기다보니 지에꼬와 이야기를 나눌 기회가 적었던 것 같습니다."

나는 곁에 가까이 갈 수도 없다고 슬퍼하는 지에꼬의 수호령에게서 지에꼬의 성격과 행동을 모두 들었으므로 게이꼬에게서 직접 듣지 않아도 알고 있었다.

"부인, 지에꼬 양은 어렸을 때부터 할머니 밑에서 자란 것 같군요."

"네, 그렇습니다."

게이꼬는 어떻게 알까, 하고 이상한 표정으로 나를 쳐다보았다.

"지에꼬 양이 조금 전에 한 말을 잘 생각해 보십시오."

"예, 시어머님의 말씀과 아주 비슷합니다."

"그렇습니다. 할머니의 말투 그대로이지요?"

"틀림없이 그렇습니다."

게이꼬는 갑자기 몸을 앞으로 기울이고, 어째서 지에꼬가 시어머니와 꼭같은 말투로 말을 하는 것인지 이해할 수 없는 것 같았다.

그 일을 이해시키려면, 게이꼬의 일상생활에 대하여 설명을 하지 않고는 알 수 없을 것이다.

며느리에게 빙의된 시어머니의 악령

게이꼬는 1953년, 미용사가 될 꿈을 가슴에 품고 기술을 배우고 있었다. 젊은 게이꼬가 열심히 기술을 배우고 있을 무렵, 가까이서 늘 격려하는 말을 해 주는 청년이 있었다.

그는 사나이답고 마음씨가 자상한 청년이었다. 무슨 일에나 항상 의논상대가 되어 주었으므로 그녀의 마음은 차츰 그 청년에게 끌려 갔다.

청년은 마을의 작은 회사에 근무하고 있었고, 경제적으로는 그다지 넉넉한 형편이 아니었다. 하지만 게이꼬에게 있어서 생활문제는 그다지 절실한 것이 아니었다.

게이꼬에게는 미용사라는 직업인으로서의 자신이 있었으므로 청년의 인품만이 중요했었다.

그녀는 일하는 사이 틈만 있으면 그와의 데이트를 즐기게 되었다. 두 사람은 마침내 결혼했다.

그녀는 달콤한 생활을 꿈꾸고 있었으나 남편인 쓰요시 시부모의 심술궂은 행동 탓으로 결혼생활은 어두운 나날의 연속이었다.

게이꼬는 남편인 쓰요시와 의논을 했다. 어떻게든지 자신이 미장원을 차리고 싶다는 것이었다. 현재의 게이꼬는 미장원의 일과 집안 일에 쫓기어, 몸을 쉴 틈조차 없었다.

미장원을 따로 차리면 몸도 다소 편해질 것이고, 경제적으로도 안정이 될 것이라고 생각했던 것이다.

다만 게이꼬에게 있어서 두통거리는 시어머니였다. 그녀는 좋은 며느리가 되려고 필사적이었으나, 시어머니는 그녀가 열심히 섬기려고 하면 오히려 반발하게 마련이었다.

"너는 도대체 부엌일도 제대로 할 줄 모르는구나. 반찬이 그래서야 쓰요시가 불쌍하지 않느냐? 일도 중요하겠지만, 좀 더 집안 일을 생각해라. 내 집에는 내 집안의 전통이라는 게 있다. 넌 정말 눈치도 없는 며느리구나."

"어머니 죄송합니다. 앞으로는 조심하겠으니 용서해 주십시오."

그녀는 그럴 때마다 무릎을 꿇고 앉아서 빌었다. 그러면 시어머니는,

"빌기만 하면 그만인줄 아느냐? 쓰요시는 네가 시집온 뒤로 성격까지 달라졌다. 상식도 없는 며느리구나, 정말이지 너는……."

시어머니의 마음은 쓰요시를 게이꼬에게 빼앗겼다는 생각으로 가득차 며느리가 미워서 미칠 지경인 모양이다.

게이꼬의 그날 그날은 중노동의 연속이기만 했다. 아침 일찍부터 밤 늦게까지 미장원에서 일을 했다. 집으로 돌아오면 온 집안식구의 빨래감이 기다리고 있었고, 실제로는 식사 시중을 든다는 것은 생각도 못할 형편이었다.

쓰요시는 아내 게이꼬의 정신없이 바쁜 나날의 일과를 보고 있으면서도 협력하려고 들지 않았다. 게이꼬가 시어머니에게 차마 들을 수 없는 욕설을 들어도, 중간에 들어서 말리려고 하지 않았다. 두 사람 사이에 끼면 오히려 어머니의 감정만 자극하여 게이꼬와의 사이가 점점 벌어진다고 생각했기 때문이다.

쓰요시도 게이꼬도, 벌어온 돈은 모조리 시어머니에게 바쳤다. 이런 탓으로 그녀는 자기의 화장품이나 옷도 살 수 없었다.

어디 그뿐이랴, 시어머니는 수입이 적다고 하면서 게이꼬를 못살게 굴었다.

게이꼬에 대한 시어머니의 증오심은 더욱 더 심해졌고, 벌어오는 돈이 적은 것을 핑계삼아 게이꼬의 식사까지 가족과 차별을 했다.

추운 겨울에도 얼음 같은 차가운 식사를 해야만 했다. 이가 딱딱 마주칠 정도로 몸이 꽁꽁 얼었다.

"여보, 난 열심히 일을 하고, 집안을 위해 조금이라도 보탬이 되려고 노력하고 있는데, 어째서 어머님께서는 제게 이토록 심한 고통을 주시는 거죠. 더 이상 저는 참을 수 없어요. 어떻게 해야 좋죠?"

게이꼬는 잠자리에서 울면서 쓰요시에게 하소연을 했다. 이런 시간 외에는 부부는 제대로 말할 기회도 없었다.

"당신에게 고생을 시켜 미안하오. 그렇지만 나는 장남이고, 이 집에서 나갈 수야 없잖소. 조금만 더 참아 주구려. 부탁이오."

쓰요시의 말을 방문 너머로 듣고 있던 시어머니는, 또 며느리가 아들에게 베개머리 송사를 하여, 집에서 나가게 하려는 것으로 알고, 젊은 부부의 침실로 뛰어 들어와,

"쓰요시, 너도 사내새끼냐. 조금만 더 참으라는 게 무슨 말이냐? 계집이 꼬신다고 우리를 팽개친 채 집에서 나갈 셈이냐? 너를 그렇게 줏대 없는 놈으로 기른 일은 없어. 그렇게도 이 집에 불만이 있다면 지금 당장 나가거라. 계집의 말만 듣는 네놈 따위는 이제 꼴도 보기 싫다."

시어머니는 두 사람이 덮고 누워 있는 이불을 확 낚아챘다.

쓰요시도 이 일에는 더 이상 참을 수 없어서 비로소 어머

니에게 대들었다.

"어머니, 이게 무슨 짓입니까? 일일이 우리의 일을 간섭할 필요는 없잖습니까. 제발 이 방에서 나가세요."

그러자, 어머니는 더욱 더 기승을 부리며,

"너는 이제 계집과 한 패가 되어 나보고 나가라는 거냐? 너는 그렇게도 줏대를 잃었단 말이냐? 영감! 우리보고 나가라고, 며느리가 쓰요시에게 바가지를 긁고 영감, 뭐라고 좀 하시구려 정말 꼴 좋다. 우리 집안을 쑥밭을 만들 작정이군……."

눈을 치뜨고 분노를 어디다 폭발시켜야 좋을지 모르는 시어머니는 젊은 부부와 안방을 교대로 바라다보며 길길이 날뛰고 있었다.

영감이라고 불린 시아버지는 시어머니와 함께 산 지 이미 30년이 넘었으나, 마누라의 기승에는 두 손을 바짝 들고 말았다.

"여보, 애들 방에까지 가서 잔소리를 할 것까지야 없잖소? 젊은애들의 소원대로 해 주면 될게 아니오."

"뭐라구요. 당신이야말로 노름이나 하고, 집안 일은 눈꼽만치도 생각하지 않는구려. 애들하고 한 패가 돼서 이젠 나보고 조심하라는 거요? 영감같은 주변머리 없는 사람도 나니까 지금까지 함께 살아 왔단 말예요. 아이구, 이 주책 없는 영감 같으니……."

"이 할망구가 무슨 소릴 하는 거야. 어디 다시 한번 말해 봐."

"뭐야, 이 주책바가지 같으니! 며느리나 아들에게 쩔쩔매는 처지에 잘난 체하지 말라구요. 몇번이라도 말해 주지, 이 주책없는 영감아!"

며느리를 괴롭히는 일이 이번에는 늙은 부부의 싸움으로 번졌다.

쓰요시는 그냥 방관할 수 없어서 노부부의 사이에 들어 간신이 싸움을 말렸으나, 이와 같은 말다툼은 툭하면 있는 일이었다.

게이꼬는 임신을 했다. 이미 5개월째였다. 앞으로 다섯달만 참고 견디겠다고 게이꼬는 생각하고 있었다.

아이가 태어나면 어떤 일이 있어도 이 집에서 나가리라. 남편이 반대를 하더라도, 이제 이 집에는 더 이상 있고 싶지 않았다. 남겨진 아이는 불쌍하지만, 그렇게 하는 도리밖에 없다고 마음 속으로 다짐하고 있었다.

게이꼬는 막달이 차도록 일을 했다. 뱃속에 있는 아이를 위해서도 마음의 평안을 유지해야겠다고 생각하여, 이 무렵부터 신앙심이 싹트고, 고뇌의 생활에서 구원을 얻어 헤어나고 싶은 생각이 들었다.

그녀는 지바(千葉)에 있는 어떤 신흥종교 단체를 찾아갔다. 그리고는 신자가 되었다.

시어머니와의 괴로운 마음의 투쟁은 모두 전생으로부터의 업장(業障)이 시키는 것으로 모든 것은 사라져 가는 그림자와 같은 것이라고 늘 자신에게 타이르며, 자신을 위로하는 것으로서 괴로움을 참고 견디었다.

이윽고 딸이 태어났다.

"며느리는 밉지만 손녀는 귀엽다."

이렇게 말하며, 시어머니는 손녀만은 특별히 귀여워 했다.

이어서 아들이 태어나고, 둘째 딸도 생겼다.

한때는 이혼을 결심한 일도 있는 게이꼬였으나, 쓰요시의 다정한 마음씨, 시어머니가 손자 손녀들을 귀여워 하는 모습이 게이꼬의 마음을 안정시키게 되었다.

손자들에게 있어서만은 시어머니는 좋은 할머니였다. 하지만 노부부가 입에 담을 수 없는 욕설을 퍼부으며 싸우는 생활은 손자들의 마음 속에 어두운 그림자를 던져 주었다.

게이꼬는 일을 했다.

화요일이 되면 그 바쁜 시간을 쪼개어서 지바의 산 신령을 찾아다녔다.

이 무렵에는 이미 시어머니와 따로 살고 있었다. 일해서 번 돈으로 미장원을 차리게 되었고, 생활도 넉넉해졌다. 하지만 세 아이들은 시댁인 시어머니 집에서 기르기로 되었다.

시어머니는 손자들에게 으레 이렇게 말했다.

"너희들의 어미는, 우리를 내 팽개치고 조금도 돌보지 않고 있다. 휴일에도 어디를 싸다니는 건지 무슨 짓을 하고 있는 건지 도대체 모르겠다. 이 따위 어미는 아마 이 세상엔 없을게다. 낳아 놓기만 하고, 나한테 맡긴 체 제멋대로 돌아다닌다. 정말 너희들 어미는 고약한 사람이야."

맏딸인 미찌꼬는 할머니 말을 믿고 있었고, 게다가 둘째딸 지에꼬까지 어렸을 때부터 할머니 밑에서 자랐으므로 어머니를 전혀 사랑하지 않게 되었다.

게이꼬가 시댁에 돌아와 과자나 의복을 사 주어도 냉담한 눈초리로 어머니를 바라보는 애가 되어 버렸다.

그녀가 집에 가면 다시금 시어머니의 불평이 쏟아져 나왔다.

"너희들의 어미는 정말 칠칠치도 못하구나. 저 하고 싶은 짓만 제멋대로 하고 집안 일은 돌아보지도 않지 뭐니. 자기가 돈푼이나 번다고, 너희 아버지까지 업신여긴단다. 너희

아버지는 불쌍한 사람이야. 어미한테 꼼짝 못하고, 이 집에도 오지 못하는구나. 하여튼 못된 어미란다.”

시어머니는 이와 같은 험담을 아이들에게만 아니라, 남들에게도 이야기했다. 시어머니의 화제는 으레 며누리의 험담뿐이었다.

집안의 생계비는 게이꼬가 벌었다. 남의 직장에 근무하는 것과 달리 자기가 직접 경영하고 있으므로, 전과는 생활하는 방법이 달랐다.

시어머니로서는 아이들을 맡는 책임은 확실히 컸다. 하지만 시어머니에게는 전보다 생활에 있어서는 여유가 있었다.

그 여유 있는 생활은 며느리인 게이꼬가 벌어서 보탰기 때문이었다. 가정은 서로 도와가는 힘으로 지탱이 되는 것이므로 생활을 위해 일하고 있는 며느리에게 시어머니는 당연히 감사하지 않으면 안될 것이다.

집안 일을 팽개쳤다고는 하지만 게이꼬로서는 애들과 같이 생활하고 싶었던 것이다. 그러나 그러기 위해서는 더욱 경제적인 문제를 해결하지 않으면 안되었다.

게이꼬에게는 아직 그렇게까지는 여유가 없었다. 결국 부모와 자식들이 따로 사는 생활을 하는 수밖에 없었다. 그런 탓으로 이런 사정을 알아차린다면 시어머니는 불평을 말하기 전에 감사해야만 했을 것이다. 그런데 게이꼬에 대해서는 아들을 빼앗겼다는 미움만이 있었고, 그 감정만이 지금까지도 시어머니의 마음을 사로잡고 있었다.

지에꼬의 재난은 어머니와의 다툼 속에서 자란데 있었다. 그녀의 마음은 자기도 모르는 사이에 비뚤어지고 남을 미워하는 것이 당연한 것처럼 되고 말았다.

어머니에게 대해서라면 또 모르겠으나 친구에게 대해서조

차 증오심을 품었다. 모두들 운동장에서 마음껏 큰소리를 지르며 놀고 있는데, 그녀만은 운동장 구석에서 외롭게 그 광경을 바라다보고 있었다.

이웃의 요시꼬 양이 놀자고 권해도 말없이 머리를 가로 저을 뿐이었다. 그녀는 차츰 외톨박이가 되어 갔다. 할머니만을 의지하게 되었고, 그 밖의 사람들은 모두 지에꼬에게 있어서는 적이었다.

날로 더해 가는 고독감은 지에꼬의 마음을 차츰 오그라들게 만들었고, 자기 만큼 불행한 아이는 이 세상에 없다는 생각을 하게 되었다.

어머니인 게이꼬는 지바의 산 신령님을 휴일마다 찾아갔다. 평화를 기도하는 것으로 구원받겠다고 광신(狂信)하게 되었다.

그녀에게는 신앙의 의미보다도 아무리 일을 해도 해소되지 않는 자기의 고뇌를 덜어 줄 수 있는 것이면 무엇이라도 좋았다. 마음의 평화가 세계평화와 연결된다는 것을 알려고도 하지 않았다.

기도하면 구원을 얻고, 기도는 모든 것이라고 생각하고 있었다. 그녀에게 있어 지바는 어느덧 안식처가 되어 갔다. 집안이 화목하지 못해도, 자기의 기도로 해소된다고 굳게 믿고 있었다.

정신통일을 하면 지에꼬의 얼굴이 눈 앞에 떠 올랐다. 이어서 머리를 풀어 헤친 시어머니의 무서운 얼굴이 나타났다. 머리 속이 빙글빙글 돌아 견딜 수 없어서 그만 눈을 뜨고 사방을 둘러보니, 모두 눈을 감고 가만히 있다. 정신통일이 되지 못한 자신의 부족함을 부끄럽게 여기고, 다시 눈을 감았다.

눈을 감으면 지에꼬의 모습이 떠 오른다. 이어서 시어머니의 얼굴이…… 불과 십분도 못되는 정신통일이지만, 게이꼬에게는 몇시간이나 되는 것처럼 길게 느껴졌다. 그래도 때로는 마음이 안정될 경우가 있었다. 그럴 경우에는 세계가 평안하기를 기도하는 일은 역시 훌륭한 일이라는 생각이 들었다. 정신통일이 제대로 되지 않은 것은, 자기의 마음이 기도에 몰두하지 않고 있기 때문이라고 반성하고 기도에만 정성을 쏟아야 된다고 생각했다.

고뇌의 원인은, 전생으로부터의 업이 시키는 일이며, 업은 나타나면 사라진다는 가르침을 받았다. 따라서 지금의 고뇌는 전생으로부터의 업이라고만 생각하고 있었다.

기도는 그 업을 빛으로 바꿔 가고 업을 정화시키는 일이 급속히 진행된다고 말했다. 하지만 게이꼬의 가정은 조금도 조화를 이루지 못하고 있었다.

게이꼬가 지바의 종교를 열심히 믿으면 믿을수록 시어머니는 분노를 폭발시켰다. 애들을 팽개친 채 어디를 싸다니고 오느냐고 고함을 치는 것이었다. 종교인지 뭔지 믿을 시간이 있으면 애들의 시중이나 들라고 말하기도 했다.

지에꼬의 마음은 게이꼬를 더욱 더 적대시했다. 게이꼬를 보는 지에꼬의 눈은 저주의 빛으로 불타고 있었다.

언젠가 지에꼬의 눈빛을 보았을 때 게이꼬는 온몸에 소름이 쫙 끼치는 것을 느꼈다. 남일지라도 그런 눈초리로는 바라다 보지 않을 텐데, 어째서 저 애가 저토록 변했을까, 하고 생각했다.

게이꼬는 자신도 모르는 사이에 세계가 평안하게 해 주십시요, 하고 마음 속으로 중얼거렸다. 몇번이고 몇번이고 마음 속으로 기도를 올렸다. 하지만 지에꼬의 야릇하게 빛나는 눈초리는 조금도 가라앉을 기세조차 보이지 않았다.

게이꼬는 세계를 평안하게 해 주십사고 하는 기도에, 이때 비로소 의심을 품게 되었다. 기도가 괴로움을 즐거움으로 바꾼다는 신시(神示)가 사실일까, 하고 생각해 보았다. 아무리 기도를 올려도, 시어머니뿐만 아니라, 지에꼬 조차도 자기를 적대시 하는 것이었다.

시어머니가 노여움을 폭발시키면 자신의 마음도 산란해지곤 했다. 남편만이라도 하고 생각했지만 의지가 약한 쓰요시가 그녀의 고뇌를 해소시켜 주는 일은 없었다.

고독감은 지에꼬에게 뿐만 아니라 게이꼬에게도 엄습해 오는 것이었다. 그 고독을 달래 주는 것이 세계를 평안하게 해 달라는 기도였으나 게이꼬의 가정은 기도와는 정반대로 더욱 더 심하게 분열되어 갔다.

게이꼬는 문득 생각하게 되었다. 자기를 구원하는 자는 역시 자기 자신이 아닐까 하고. 아무리 기도를 들여도 관념의 테두리 안으로 빠져 들어 가는 자신을 느끼자, 기도의 신시는 아무래도 올바른게 못되는 것만 같았다. 적어도 자기에게는 통용되지 않는 것이라고 생각되었다.

그렇게 생각하자, 교단에서 발표되는 체험담, 기관지에 실리는 체험기사 등에는 과장이 많이 섞인 것으로 생각되었다. 가정이 조화를 이루지 못하는데 어찌 세계를 조화시킬 수 있단 말인가? 기도하는 말에도 모순을 느끼게 되었다.

"일주일에 한번뿐인 귀중한 시간은 역시 가정을 위해 써야만하겠다. 가정의 조화는 대화에서 시작해야만 하겠다."

게이꼬는 이렇게 생각하자, 지바에 가는 일을 뚝 끊었다.

하지만 지에꼬의 병은 이제 어찌할 수 없는 중증이 되고 말았다.

정신이상의 수수께끼

지에꼬는 사또오 병원에서 비타민 주사를 맞았는데, 뜻밖에도 회복이 빨라 나와 게이꼬가 이야기를 나누고 있는 동안에 아버지인 쓰요시의 뒤를 따라 걸어서 나의 방으로 돌아왔다. 혈색도 좋아졌고 조금 전과 같은 어두운 폐인과 같은 얼굴 표정은 완전히 사라졌다.

지에꼬는 벌써 4일 밤이나 잠을 자지 못했다고 한다. 밤이 되면 기운이 넘쳐 흘러서 부모를 마구 욕하고, 소리소리 지르며 소란을 피우곤 했었다.

그렇지만 지에꼬는 앳띤 지에꼬로 돌아와 있었고, 조금 전의 악마는 어느새 자취도 보이지 않았다.

"지에꼬야! 기분이 어떠니?"

"뭔가, 무거운 것이 떨어져 나간 것 같고 개운해졌어요. 아버지, 어머니! 죄송해요."

이렇게 싹싹한 아이가 되었다.

지에꼬가 이렇듯 갑자기 바뀐 것도 모두 지에꼬 자신의 마음의 움직임이 그것을 결정하는 것이다. 사람의 마음이란 선(善)에도 악(惡)에도 민감하게 작용을 한다.

지금 이와 같은 상태이므로, 앞으로도 좋은 상태가 계속될 것이냐 하면 반드시 그렇지도 않다. 마음의 변화에 따라 다시금 악마가 지에꼬의 마음을 지배할 수도 있다. 왜냐하면 각자의 마음은 그 사람을 형성하고 있으며, 마음의 움직임은 어두운 세계에도, 꼬인 세계에도 곧장 통하고 말기 때문이다.

"지애꼬 양, 내가 말하는 것을 잘 들어야 해요."

"예……."

"지에꼬는 어머니를 믿고 있지 않죠?"

"예, 믿고 있지 않아요. 어머니란 이름뿐이고, 저는 할머니 밑에서 자랐기 때문에 할머니는 믿어도, 어머니는 믿지 않아요."

"지에꼬 양, 손을 내밀어 봐요."

나는 지에꼬의 귀여운 오른쪽 손의 검지손가락을 살짝 꼬집어 봤다.

"아야!"

이번에는 엄지손가락을 꼬집었다.

"아야!"

"지에꼬 양의 다섯 손가락은 꼬집으면 모두 아프지? 왜 그럴까?"

"……."

"꼬집으면 어느 손가락이나 아파요. 지에꼬 양이 태어난 뒤로 경제적으로 아무 것도 부족함이 없이 지금까지 지내온 것은 도대체 누구의 덕이죠? 지에꼬 양의 손가락 하나라도 꼬집으면 아팠듯이 내 속으로 낳은 어머니는 지에꼬는 말할 것도 없고, 미찌꼬도 동생도 모두 사랑스러운 것이예요."

지에꼬는 잠자코 고개를 숙이고 말았다.

"지에꼬, 어떻게 생각하지? 지에꼬를 여기까지 데리고 온 게 누구죠? 어머니시지? 그리고 아버지시구. 지에꼬 양이 걱정이 돼서 데리고 오신 거예요……."

"그렇지만……."

라고 지에꼬는 말하더니, 잠시 망설이다 다시 말을 이었다.

“하지만 어머니는 나에 대해선 조금도 생각해 주지 않는 걸요?”

“그건 이상한데. 만약 그렇다면, 이곳까지 데리고 오지 않았을 텐데. 지에꼬 양은 어려서 부터 남의 험담만 들어왔기 때문에, 남을 믿을 수가 없게 된 거야. 그렇지 않나?”

“예, 할머니는 남을 칭찬한 일이 없는 사람으로 남을 막 욕만 한답니다.”

“지에꼬 양은, 어렸을 때부터 할머니가 남을 욕하는 말만 들어와서 온통 마음 속에 독약을 싸 놓았군. 내 말 알아듣겠나?”

지에꼬는 다시금 입을 다물고 말았다.

“지에꼬 양, 어머니는 일에 쫓기며, 오늘날까지 살아 오셨다. 그렇기 때문에 지에꼬 양의 형제들과 즐겁게 이야기를 나눌 기회가 없었던 거예요. 그런 탓으로 어머니의 애정이 없는 줄로만 알았지. 남을 용서한다는 것도 중요한 사랑이라는 것을 알아야만 해요.”

“…….”

“지에꼬 양은 요사이 4,5일 동안 자기이면서도 자기가 아니었었지?”

“뭐가 뭔지 몰랐던 거예요. 자꾸 춥기만 하고, 몸이 무겁고 내 몸인데도 내 마음대로 안되었어요.”

“지에꼬 양은 나에게 온다는 것을 알고 있었나요?”

“저는 전연 오고 싶지 않았어요. 제 마음 속에서 가면 안된다, 가서는 안된다는 말이 들려왔어요. 또한 가면 죽여 버릴 테다, 이런 목소리도 들렸어요. 그래서 무서워서, 무서워서…….”

"그랬었군요, 지에꼬 양을 지배하고 있던 것은 지옥의 악마였으니까요. 그 악마가 이곳에 오는 것을 훼방놓은 거예요. 알겠어요? 지금 몸은 어떤가요?"

"기분이 많이 좋아졌어요. 몸이 말을 듣지 않아서 죽는 게 아닌가, 하고 생각하고 있었지만 오길 잘했다고 생각합니다."

아버지인 쓰요시, 게다가 어머니인 게이꼬는 우리의 주고받는 대화를 옆에서 열심히 듣고 있었다.

"어째서, 지에꼬의 말투가 제 어머님의 말투와 비슷할까요?"

쓰요시가 이상하다는 듯이 나에게 물어보았다.

"그 까닭은, 할머니에게 있어서 지에꼬 양은 그지없이 사랑스러운 존재였고, 할머니의 악심(惡心)은 원망과 질투의 마음이 지옥의 마계(魔界)에 통하여 지에꼬 양의 마음 속에도 그것이 통하였기 때문입니다. 그러나 지에꼬에게 따뜻하고 너그러운 마음이 있었더라면 할머니에게 씌워 있는 악마는 빙의될 수 없었을 것입니다. 그렇기 때문에 우리의 마음은 매우 소중한 것입니다. 남을 원망하는 마음, 질투하는 마음, 노여워 하는 마음, 자기만 좋으면 된다는 마음은 매우 위험한 생각입니다."

"마음이라는 것은 매우 정묘하게 되어 있는 것이군요. 생각하는 것도 치우쳐서는 안되는 것입니까?"

"바로 그렇습니까."

지에꼬도, 게이꼬도, 쓰요시도 내 설명에 납득이 간 모양이었다.

지에꼬의 머리 주위를 희미한 빛이 에워싸고 있었다. 나의 말에 납득이 갔다는 증거였다. 머리 주위에 빛이 나타나기 시작하면 마음이 조화된 증거이지만, 그 마음이 다시금 어두운 생각으로 바뀌고 미워하는 마음이나 노여움으로 바뀌면 악령에게 지배를 받는다. 특히 지에꼬의 경우는, 오랫동안 고독한 생활이 계속되었고, 악령계와 통하는 어떤 종류의 길이 터 있으므로 계속 앞으로도 조심해야만 했다.

사실 그 뒤 한달쯤 지나서 지에꼬는 다시 정신이상을 일으켰다.

나는 그들 세 사람에게, 잠시동안 할머니 집에다 지에꼬를 두지 말고 부모들이 지켜보라고 주의를 주었으나, 며칠이 지나자, 우연한 기회에 지에꼬는 할머니에게 가고 말았다.

그때 할머니는,

"지에꼬, 너도 나를 버리고 가는 거냐? 이 배은망덕한 것아. 모녀가 짜고 나를 버리고 가는구나. 너를 게이꼬가 꼬셨구나."

이렇게 말하자, 지에꼬는 대답할 수가 없었다.

이윽고, 지에꼬는 '할머니가 불쌍해! 할머니가 불쌍해!' 하면서 생각에 잠기게 되었고, 잠못 이루는 날이 계속되었다.

그러는 동안에, 지에꼬의 의식에 악마가 다시금 끼어 들어와 마침내 정신분열증이라는 최악의 상태에 빠지게 되었다.

제 3 장
신앙의 함정

믿음과 구원

〈믿는 사람은 구원을 받는다〉

이 말은 신리(神理)이다. 그렇지만 이 말을 덮어 놓고 받아들이는 것은 위험한 일이라고 생각한다. 그런데도 대개의 경우 사람들은 오직 믿기만 하면 되는 줄로 생각하게 된다.

일반 선교사들은 관념적인 뜻으로만 해석하는듯 하고, 성경의 글자 그대로 지키는 것이 진짜 믿음이라고 생각하고 있는 게 아닐까?

참되게 믿는다는 것은, 단지 마음의 양식을 얻는다는 식의 달콤한 것이 아님을 알아야만 한다.

자기의 목숨을 하느님 앞에 내어 맡기지 않고서는 진짜 신앙이 될 수는 없다. 자기 편리한 대로 그때의 분위기나 그 아쉬운 순간만의 믿음만 갖고 구해질 수 있다고 생각하면 잘못이다.

또한 믿는 것 자체가 광신(狂信)이나 맹신(盲信)이 되면 이것 또한 위험하기 그지없는 일이라고 생각한다.

신앙은 흔히 광신이 되기 쉬우며, 자기 자신을 상실하게 된다. 자기를 잃지 않으면서 믿는 자라야 구원받을 수 있는 것이다.

그러나 그렇게 되려면 우선 우리들은 올바른 법(法)을 기둥 삼아서 그 마음과 행위를 바로잡아 가지 않으면 안된다. 그리하여 그러한 속에서 이웃고 믿는 자는 지복(至福)을 붙잡을 수 있게 될 것이다.

타력신앙(他力信仰)은 병을 고치는 것이나 생활고를 건져주려는 이익을 추구하는 믿음이 거의 대부분이며, 이 때문에 교주(教主)나 그 주위의 몇몇 사람들로부터 좋은 먹이가 되는 경우가 많다.

마음에 그물이 씌워져서 이웃고 자기 자신과 가정이 형편없이 유린되는 결과가 온다. 무서운 일이 아닐 수 없다.

타력(他力)은 믿음에 역점을 두고 있지만 '믿는 자는 구원받는다'는 믿음은 결코 당신 멋대로의 믿음일 수는 없는 것이며, 자기 안에 있는 올바른 마음, 거짓말을 할 수 없는 그런 마음을 믿고 살아 간다는 뜻이어야 하지, 어떤 신령님을 믿고 그에 매어달려서 그가 시키는 대로 움직이고, 욕망대로 살아 가면서 구제된다는 것은 아무리 보아도 이야기가 달콤하지 않은가 생각된다. 달콤한 이야기에는 으레 커다란 함정이 있게 마련인 것이며, 신앙심에 대해서도 마찬가지다.

무서운 타력신앙(他力信仰)

1974년 1월, 규우슈(九州)의 미야자끼시(宮崎市) 교외에 있는 시민회관에서 3백명 가까운 희망자에 의한 연수회가 열린 일이 있었다.

1월이라고는 하지만, 워낙 남쪽 지방이기도 하여, 도꾜와는 달리 따뜻한 날씨였고, 아름다운 태양이 빛나고 있었다.

2박 3일의 연수회의 참가자는 규우슈 지방을 중심으로 한 회원들이었다. 그리고 대부분의 사람들은 어떤 신앙을 지니고 있는 이른바 신앙체험자들이었다. 따라서 그들의 대부분은 여지껏 현실의 이익을 추구하는 타력신앙이나, 신불(神佛)의 실태를 모르는 종교지도자에 의해, 또는 육체적인 고행(苦行)을 계속해 온 사람, 또는 선조공양(先祖供養)에 힘을 쓴 사람, 염불 외우는 데만 심신의 정력을 소모해 온 사람 등 가지각색이었다. 그러기 때문인지 참된 신앙을 알고 싶다고 생각하는 마음도 남보다 더 강한 것 같았다.

만일 그런 마음이 없다면 구태어 이와 같은 연수회에 참가할 필요도 없이, 여지껏 해 온 타력신앙으로 만족하고 있었다.

참가자의 80퍼센트는 조화를 이루지 못한 악령과 교섭을 갖고 있는 매우 딱한 사람들이었다.

어떤 여성은 마음의 더러움을 제거해 버림이 없이 신상관(神想觀)에 열중했기 때문에 악령에게 지배를 당하고 있었고, 그 때문에 거의 폐인이 되어 있었다. 또한 〈법화경(法華經)〉의 행자(行者)가 되어서 선조공양의 참뜻도 모르고 웃대 선조의 영혼에게 빙의되어 있는 사람들도 있었다.

자기의 귓전에서 악령의 소근거리는 소리가 들려와서 자기 자신을 상실하고 있는 사람들도 여럿이었다.

야마다 도모꼬(山田友子)는 남편과 아이들과 함께 멀리 고오베(神戶)에서 온 여인이었다.

도모꼬는 〈법화경〉 낭송에 의한 선조공양을 주체로 하는 어느 종교단체의 열성적인 신자였다.

20여년에 걸친 신앙의 경력을 갖고 있었고, 그녀 밑에는 그녀에게 인도를 받은 수많은 회원들이 있었다.

도모꼬는 〈법화경〉이야말로 다시 없는 정법(正法)이라고 믿고 신앙이 없는 생활이란 단 하루도 없는 그런 여인이었다.

그런 도모꼬가 어찌하여 이곳을 찾아왔느냐 하면 우연한 기회에 나의 저서를 읽고 자기가 걸어온 길이 아무래도 석연치 않다는 느낌이 들었기 때문이었다.

지금까지도 자주 의문이 생기긴 했지만, 의심을 하면 벌을 받게 된다고 생각하여 그때마다 〈법화경〉을 낭송하는 것으로서 그런 마음을 물리치곤 했다.

도모꼬는 이제 바야흐로 60이 가까운 나이였다. 신앙 경력이 20여년, 교단(敎團)에서 떠난다는 것은 쓸쓸하기도 했고, 이 이상의 신앙이 없다면 이런 생활을 계속할 수 밖에 없다고 자기 자신에게 타이르곤 했던 것이다.

그녀로 하여금 여지껏 지켜 온 신앙을 버려야겠다는 결의를 갖게 한 것은 육체적인 고장이었다.

두 달 가까이나 입원했으나 몸은 하나도 건강해지는 것 같지 않았다. 이럴 까닭이 없다고 자기 자신에게 타일러도 보았지만, 육체의 고통은 그토록 〈법화경〉을 믿고 최선을 다해도 마음까지도 좀먹는 결과가 되어 버리고 말았다.

병원의 침대 위에 누워 있노라면 차례로 여러 가지 생각들이 마음 속에 떠오르곤 했다. 남편이라든가 신앙을 함께 해 온 사람들의 얼굴이 눈 앞에 떠오르면, 자기도 모르는 사이에 미워하기도 하고 노여워하기도 하고 질투하기도 하는 투쟁적인 생각이 돼 버렸다.

본인과 만나서 변명하여, 자기의 생각을 털어 놓고 싶다고 생각했지만, 몸이 자유스럽게 움직여지지 않아서 그럴수도 없었다. 여러가지 생각들이 마음 속에서 부풀어 오르면 틀림없이 그녀의 관절의 통증이 심해졌다. 자기도 모르게 윽! 소리를 지르게 되는데, 통증이 심해지면 사람들에 대한 증오심이 더욱 더 커져 갔다.

"아, 나의 신앙은 무엇이었나? 남을 미워해서는 안되는데 어째서 미워하게 되는 것일까? 20여년 동안이나 신앙생활을 해 왔으면서……"

마음은 전혀 안정을 찾지 못했다.

앞날을 모르는 인생이라고는 하나, 이 신앙심이야말로 행복을 가져온다고 생각하여 많은 사람들을 이끌어 왔는데, 마음과 육체의 갈등과 모순은 감출 길이 없었다.

그리하여 도모꼬는 용기를 내어서 나의 집 문을 두드렸다. 미야자끼의 연수회에 참석하는 데도 혼자서는 올 수가 없었다. 남편인 히사오(久雄)의 부축을 받아서 간신이 참석을 했다.

회장에는 이미 많은 사람들이 모여 있었다. 늙은이, 젊은이 여러 종류의 사람들이 모여들었는데 이렇게 많은 참가자들 속에 섞여서 이야기를 듣게 되고 보니, 구원을 받고 싶다는 마음과 앞서 믿었던 종교신——의 벌이 내리는게 아닌가 하는 생각이 머리를 스치는 것이었다. 3백여명 속에 섞여 있어도, 육체의 고통과 마음이 느끼는 불안은 매한가지였다.

도모꼬는 나에게 어떻게든 단독 지도를 받고 싶다고 생각하여, 남편의 부축을 받아가면서 저녁식사 후 나의 거실을 찾아왔다.

"저의 아픈 다리는 입원을 해도 고쳐지지를 않습니다. 너무나 아파서 퇴원도 할 수 없습니다. 오늘은 이 다리가 고쳐질 수 있는지 그것만 분명히 알았으면 합니다. 저는 현재 입원중인데 잠간 집에 다녀오겠다고 하고 남편과 함께 온 것입니다. 잘 부탁드립니다."

도모꼬는 이렇게 이야기했다.

나는 그녀와 남편을 바라다 보았는데 신앙심을 갖는다는 정신의 긴장 탓인지 예순이 가까운 나이라고는 느껴지지 않는 젊음이 도모꼬에게서 풍기고 있었다. 그러나 영시(靈視)를 해 보니까 그릇된 신앙때문에 몸은 형편없이 되어 있었다.

등에서 허리, 다리의 관절에 걸쳐서 악령이 붙어 있는 게 분명히 보였다. 부자연스러운 신앙생활을 하면 혈색이 아무래도 나빠지게 마련이다.

병원에서 빠져 나와 연수회를 찾았을 정도니까 본인도 어지간히 괴로웠던 모양이다. 하지만 아무리 병원에 입원하고 있어도 회복될 것 같은 징후는 전혀 보이지 않았기 때문에 어떻게든 살려 주었으면, 관절염을 고쳐 주었으면 하는 생각이 간절했었지만, 정말 여기까지 용케 왔구나 하고 나도 마음 속으로 놀라지 않을 수 없었다.

도모꼬에게 빙의되어 있는 악령은 다름아닌 마왕이었다. 이 마왕이 도모꼬의 마음과 육체를 지배하게 되면, 인격은 도모꼬가 아닌 마왕이 되어 버린다.

이런 일을 막으려면 도모꼬 자신이 나를 절대적으로 믿는 마음을 지니지 않으면 안된다. 의문을 갖게 되면 즉시 도모꼬의 마음은 마왕에게 지배당하게 되어 현상화(現象化)되고 만다. 도모꼬로 하여금 나에게 절대적인 믿음을 갖게 하려면 어떤 현상을 그녀에게 보여 주지 않으면 안되었다.

"야마다씨 잘 오셨습니다. 지금 곧 당신의 다리 아픈 것을 고쳐 드리겠습니다. 자아 이쪽으로 오십시요."

방안으로 불러 들여서 편안한 자세로 앉게 했다.

나는 마음 속으로 자신에게 사악한 마음이 없는가를 반성하고, 내 마음을 응시하고는 그녀의 아픈 다리를 심안(心眼)으로 뚜렷이 확인을 했다.

"야마다씨, 당신은 용신(龍神)께 공을 드린 일이 없습니까?"

"미, 미노브산(身延山)의 시찌멘산(七面山)에는 수행하러 가끔 가곤 했습니다만, 그것이 어쨌다는 겁니까?"

"당신의 다리에는 동물령이 붙어 있습니다. 그러니 의사나 약의 힘으로는 고칠 수가 없는 것이지요."

"뭐라구요!"

도모꼬는 이상스러운 표정을 지으면서 나의 얼굴을 보았다. 도모꼬는 다리의 아픔이 심하기 때문에 곁에 있는 지옥에서 온 마왕과 마음이 통하지 않는 모양이었다. 육체의 고통이 이런 경우에는 오히려 다행이라고 할 수 있었다.

나는 관절에 붙어 있는 동물령을 즉시 제령(除靈)시켰다. 어떻게 해서 제령할 수 있느냐 하면 마음에 광명이 가득차 있는 한 이쪽에 영향을 받음이 없이 이를 자유스럽게 처리할 수가 있기 때문이었다.

관절에 붙어 있는 동물령은 뱀이었다. 저승의 뱀은 이쪽이 광명에 가득 차 있으면 조금도 걱정할 것이 없지만 현상계(現象界)의 뱀은 그렇지가 못하다. 현상계에는 현상계의 법칙이 있고, 저승에는 저승의 법칙이 있기 때문인 것이다. 다만 현상계인 이승에서는 마음과 육체를 지니고 살고 있기 때문에, 즉 저승과 이승의 파동을 동시에 지니고 살고 있기 때문에 물질에만 마음이 집착을 하게 되면 여러 가지 장해가 생기게 마련이다. 이를테면 도모꼬와 같이, 저승의 뱀이 관절에 감기는 것은, 남을 저주하거나 화를 내거나 하기 때문인 것이다. 그러니까 사람의 마음은 이승과 저승을 동시에 지니고 생활하고 있음을 알아야 한다.

현상계의 뱀을 자유스럽게 처리하려면, 현상계에서의 뱀의 취급법을 역시 알고 있지 않으면 안되는데, 이런 점에선 나는 완전히 문외한인 것이다. 따라서 나는 현실세계의 뱀의 머리를 잡아서 처리할 줄 모른다.

도모꼬의 관절에 여러 겹으로 감겨 있는 뱀은 이 지상계(地上界)의 뱀과 조금도 다를바 없지만, 그 존재 방식이 전혀 달랐다. 이상하다면 이상한 일이 아닐 수 없다.

도모꼬는 내가 자기의 다리 관절에서 무엇인가를 집어내는 것과 같은 시늉을 하는 것을 보고 이상하다는 눈초리로 지켜보고 있었다.

"야마다씨 어떻습니까? 이제 제거했으니까 본인이 확인해 보세요."

도모꼬의 마음에서는 아직 불안이 완전히 가셔지지 않았지만, 나의 이야기를 듣고 두려워하면서 일어나서 걸어 보았다.

"아, 기적이예요, 여보! 정말 아프지 않네요. 걸을 수 있어요. 정말 이상하네요."

남편인 히사오는 아내에게 일어난 기적을 보고 두 눈이 둥그래졌다.

"무겁고 아팠던 다리가 아무렇지 않게 보통 때와 같이 이렇게도 가벼워지다니, 정말 이상하네요."

도모꼬는 자기 몸으로 직접 체험함으로써 내가 이야기하는 법(法)에 비로소 마음의 문을 열었다.

"야마다씨, 당신이 조화를 이루지 못한 마음을 가지면, 또 다른 악령이 찾아와서 당신의 육체의 약해진 부분에 또다시 달라붙게 됩니다. 당신의 마음가짐을 올바르게 하는 게 중요합니다. 그러려면 내가 쓴 책이나 강연의 내용을 자기 생활 속에서 살려야 합니다."

"네, 알았습니다. 조화를 이루지 못한 마음이란 어떤 마음인지 그 뜻을 알 수가 없습니다. 가르쳐 주실 수 없습니까?"

"당신은 〈법화경〉을 배우고 있지 않습니까? 〈법화경〉에서 가르쳐 주고 있습니다. 노여움이나 불평불만, 남을 비난하는 마음, 질투, 원망하는 마음 따위입니다. 거짓말도 남에게 상처를 주는 것이구요."

"네, 그렇군요."

"당신은 그렇군요, 하고 아주 간단하게 이야기하지만 아주 어려운 일입니다. 화를 내지 않는다는 것만도 매우 어려운 일이예요. 악(惡)은 생각해서도 안됩니다. 자아, 그렇게 할 수 있겠어요?"

"저는 금방 감정적이 되려 합니다."

"그렇지요. 자기 입장이 나빠지면 자기도 모르게 타인에게 심한 말을 하게 됩니다. 그리고 자기의 마음을 노여움의 불길로 태우고, 타인의 마음에 독을 만들게 합니다. 타인의 행복을 생각하고, 화를 낼 경우에는 결코 진심에서부터 화를 내지는 않습니다. 자비로운 마음이 바탕에 깔려 있기 때문입니다. 이런 경우에는 심장도 맥박도 정상적입니다. 노여움에 불타서 자기 멋대로 화를 내게 되면, 심장은 몹시 두근거리게 됩니다. 이런 경우에는 올바른 판단을 내릴 수 없을 뿐만 아니라 마음의 고요함이 깨지게 됩니다. 당신은 그런 때 올바른 판단을 내릴 수 있습니까?"

"화를 내고 있을 때 말입니까?"

"그렇습니다."

"그거야 할 수가 없지요."

"그럴 겁니다."

"우리는 감정을 드러낸 생활을 하고 있었습니다. 이건 안 되겠는데요."

많은 신자들을 이끌어 온 도모꼬는 말을 잘 했고, 사리가 분명했다.

도모꼬의 곁에 앉아 있던 그녀의 남편이 나의 얼굴을 보면서,

"불평을 말하는 것은 어째서 나쁜가요? 마음 속의 울분을 없애려면 불평을 털어 놓는게 제일이라고 생각했는데요."

"불평불만은 자신의 욕망을 이루지 못했을때 터져 나오는 것으로서 이것은 마음 속에 악을 만들고 타인의 마음에도 독을 먹이는 결과를 가져오는 것입니다. 또한 자기 자신의 잘못을 타인에게 뒤집어 씌우고 있으니, 이래서는 평화스러운 마음을 얻을 수가 없을 게 아닙니까. 자기 자신을 냉정하게 검토해 보세요. 불평의 원인은 반드시 자기 보존에 근거를 두고 있게 마련입니다."

"잘 이해가 되지 않는데요. 자기 보존까지 부정한다면, 사람은 살아 갈 수가 없지 않습니까?"

"제가 이야기하는 자기 보존이란 나만 좋으면 남은 아무래도 좋다는 마음을 두고 하는 이야기입니다. 이런 사람들이 땅 위에 가득차게 되면 천지이변(天地異變)을 일으키는 원인이 됩니다. 인간사회는 본래 조화를 이루지 않으면 안되도록 되어 있기 때문에 당연한 결과로써 나타나는 것입니다. 대자연을 보십시요. 대자연은 우리들에게 이렇게 살아야합니다, 하고 가르치고 있습니다. 하늘에는 태양이 있고, 이 땅 위에는 동물·식물·광물이 있어서 이들은 서로 부족한 것

을 메우고 도와가면서 살아 가고 있는 것입니다. 이들 가운데 어느 하나가 빠져도 전체의 조화는 깨지게 됩니다. 즉 대자연계는 항상 남을 살려 주는 것을 전제로 성립이 되어 있다는 이야기입니다. 다른 말로 바꾸면 사랑으로서 이루어져 있는 것이죠. 자기 보존은 독선적인 태도이며, 남을 돌보지 않는 마음입니다. 이래가지고는 자기를 멸망시키게 됩니다. 대자연계는 인간이 본받아야 할 생활태도를 말없는 가운데 가르치고 있습니다. 살 수 있게 은혜를 베풀고 있다는데 대해서 우리들은 감사하는 마음을 가질 필요가 있다고 생각합니다. 즉 보은(報恩)입니다. 감사하는 마음은 보은이라는 행위로 올바르게 윤회하는 것입니다."

히사오는 내가 하는 이야기를 말없이 듣고 있었다. 마음 속으로 이것이야말로 진실이라고 생각하는듯 했다.

"여보, 지금까지 믿어 온 신앙이 절대적인 것이라고 생각하고 있었지만 터무니없이 먼 길을 돌고 있었던 것 같구려. 다시 재출발합시다. 정말 찾아온 보람이 있었구려."

"정말 제 몸도 아주 가벼워졌고 다리의 아픔도 씻은 듯이 없어졌어요. 감사합니다."

두 사람은 서로 빙그레 웃으면서 마주 보았다. 그리고는 머리를 깊이 숙여 인사를 하고 방에서 나갔다.

반성을 방해하는 악령

그런데 이들 사이에는 딸이 하나 있었다. 이름은 기미꼬(君子)라고 했다. 기미꼬는 결혼을 했고, 남편과 둘이서 부모와 함께 연수회에 와 있었다.

부모가 나를 찾아왔을 때는 모습을 보이지 않았으나 나는 회장에서 강연중에 그녀가 와 있음을 알았다. 그녀의 뒤에도 마왕이 붙어 있는 게 분명했다.

그 마왕은 이상하게도 어머니인 도모꼬에 붙어 있었던 같은 마왕이었다. 여지껏 두 사람 사이를 오락가락하고 있었던 것 같았다.

모녀의 마음 상태에 따라서 두 사람 사이를 옮겨 다니는 것이었다. 얼굴은 야차(夜叉)와 똑같았다. 즉 반야(般若)와 탈을 생각하면 된다.

빛은 창백하고 눈은 크게 튀어 나오고 붉게 빛나고 있었다. 옷차림새는 행자(行者)들에게서 찾아볼 수 있는 흰 옷이었다.

배후에 이와 같은 마왕이 도사리고 있다는 사실은, 모녀의 마음이 올바르지 못하기 때문이며, 잘못된 믿음을 갖고 있기 때문이었다.

특히 잘못된 신앙생활을 하게 되면 마왕이나 동물령이 붙기 쉬운 것이다. 왜냐하면 신앙이라고 하는 것은 마음을 통일시키는 작용을 지니고 있기 때문에 그릇된 방향으로 통일이 되면, 이런 마계(魔界)의 생물과 곧 통하게 된다. 즉, 노여움이나 불평을 지닌 마음을 가진 채 정신통일을 한다는 이야기이며, 이러한 마음은 자기 본위인데, 마계도 자기 본위의 세계이기에, 마왕이나 그 밑에 있는 동물령에게 빙의당하기 쉽고, 더욱 더 그 마음은 혼란을 거듭하게 된다는 이야기이다.

따라서 빙의된 사람은 선악(善惡)의 구별을 할 수가 없게 되며, 독선적인 감정의 흐름대로 생활을 하게 마련이다. 생활은 항상 불안정하며, 진실되고 참된 자기 자신의 마음으로 되돌아가는 게 점점 어렵게 된다.

가정의 평화같은 것은 돌보지 않게 되고, 언행이 일치하지 않게 되어 모순된 생활이 점점 더해 가게 된다.

아침 저녁으로 불단을 향하여 올리는 염불도 마왕의 파동에 동조하기 위한 상념(想念)의 진동이 되어 자기 자신을 스스로 잃는 기회를 만들게 된다. 즉 염불이란 선악에는 아무런 관계가 없는 하나의 정신통일이기 때문에 마음을 흐리게 한 채로 정신통일로 들어가면, 흐린 채로의 결과밖에 나오지 않게 마련인 것이다.

가장 가까운 예로서, 술을 마시는 사람이 마음의 울분을 없애기 위해서 술을 마구 퍼 마셔도 마음의 울분은 없어지지 않을 뿐만 아니라 주량이 늘면 늘수록 마음의 울적함은 더해 가게 마련이다.

술을 마시기만 하면 주사(酒邪)를 부리는 사람과 그렇지 않은 사람이 있는데 주사가 심한 사람은 술의 힘을 빌어서 마음 속에 싸인 울분을 풀려고 하기 때문에 문제가 생기는 것이라고 할 수 있다.

마음의 울적함은 그 원인을 없애 버리지 않는 한 사라지지 않는 법이다. 술을 마시면 더욱 더 심해지게 되는 것이다.

염불도 이와 마찬가지여서, 노여움이나 증오심, 또는 슬픔을 견디기 위해서 아무리 염불을 외워 보아도 효과는 없다. 염불을 외움으로써 마음을 통일시키려고 해도 마음에 낀 때는 제거할 수가 없고, 때에다가 덧칠을 하게 될 따름이다.

타력신앙의 두려운 점은, 말하자면 맹목적인 신앙에 있다고 할 수가 있다. 인간의 마음의 본성이 어떤 것인지도 모르면서 염불이라고 하는 마약과 비슷한 선율로 마음의 때를 더욱 더 끼게 만들기 때문이다.

지도자의 마음에 불순한 점이 있으면 이런 경향은 더욱 뚜렷해진다.

대개 지도자의 배후에는 상당히 억센 마왕이 붙어서 조종을 하기 때문에, 신자는 벌의 무서움에 더욱 더 마음이 움츠러 들어서 몸도 마음도 지도자에게 팔아 넘기게 된다. 신앙을 가지면 가질수록 불안과 모순이 커지게 되나 의문은 배덕(背德)과 연결이 된다. 타력신앙에 있어서 의심은 절대 금물이다. 의심은 자기가 믿는 신을 부정하여 자기 자신을 불행하게 만든다.

따라서 의심이 생기면 염불을 외움으로써 이를 지우고자 신자들은 의심과의 싸움에 전력을 기울이게 된다. 이상스럽게도 그들은 마음 속에 모순을 간직하고 있으면서 신앙이 없는 사람은 불쌍하다고 생각한다.

자기 자신은 신앙에 의해 조금도 마음의 평안을 얻고 있지 않으면서도 타인과의 관계에서는 타인을 불쌍한 인간이라고 생각하는 것이다. 마치 어린이가 부모에게서 받은 장난감을 친구들에게 보여 주면서 자랑스럽게 느끼고 있는 것과 비슷한 심정인 것이다.

타력신앙이 지니고 있는 함정은, 자기 자신의 힘으로 안정을 얻는 게 아니라 주어진 것이기 때문에 자기 도취에 빠지기 쉽고 참다운 마음의 평화는 얻을 수 없게 되어 있다.

사실은 이런 믿음을 갖지 않는 사람 편이 훨씬 마음이 든든하고, 안정되어 있는 법이며, 남의 힘에 의지하는 사람은 마음이 본래 약한 사람이 많기 때문에 한번 발을 들여 놓으면 여간해서 그곳에서 빠져 나오기가 어렵게 되어 있는 것이다. 따라서 신앙이 없는 사람을 보면 상대가 불쌍하게 느껴지고, 그것도 상대를 내려다보는 입장에서 불쌍하게 여기게 되며, 항상 자기 자신은 선택받은 인간이라는 자의식(自意識)에 사로잡히게 되는 것이다.

선민의식(選民意識)에 자신이 도취하기 시작하게 되면 참다운 신앙은 그림자가 엷어지게 마련이다. 왜냐하면 선민의식은 뽐내는 마음이 마음 속에 생기지 않으면 일어나지 않는 것이기 때문에, 이렇게 되면 이미 신앙과는 아무런 인연이 없는 사람이 되고 만다.

타력(他力)에 의존하는 신앙심과는 반대로 신을 인정하지 않는, 또는 인간 자신의 생활은 인간의 손으로 해결해야 한다는 유물사상(唯物思想)이 있다.

그들의 생활은 인간도 역시 물질의 한 형태라고 보기 때문에 생활의 불평 등을 바로 잡으려면 동물계와 마찬가지로 투쟁에 호소하는 수밖에 없다고 생각한다. 이 때문에 투쟁과 파괴가 유일한 수단이 되어 항상 혼란과 증오에 찬 생활을 되풀이 하게 된다.

그들의 등 뒤에는 아수라(阿修羅)가 날뛰고 있다. 투쟁을 되풀이 하고 있으면, 처음에는 순수한 마음으로 출발을 했어도 이윽고 권력욕이 싹트게 되어, 입과 마음이 차차 동떨어진 것이 된다.

'오늘의 동지가 내일의 배반자'라는 낙인이 찍히게 되는 것은 유물사상가가 빠지기 쉬운 함정이다. 물론 이런 운동자 가운데에도 자기 자신을 반성하여 자신의 욕망과 싸우면서 순수하게 일하는 사람도 있겠지만, 본래가 싸우는 데에만 호소하는 수단밖에 없는 터이라(그런 논리로 짜여져 있기에), 이러한 운동자는 마음의 평온을 얻을 수가 없어 이윽고 그들의 주류에서 낙오자라는 형태로 떨어져 나가게 된다.

평화가 그 목적이라면 평화를 얻기 위한 수단도 평화로운 것이어야만 한다. 평화를 목적으로 삼으면서 수단이 투쟁이라면, 싸워 얻은 목적도 투쟁의 와중에서 흔들리게 마련이다.

세계 도처에서 혁명이 일어나고 있지만 평화는 언제까지나 찾아들지 않고 있지 않은가.

혁명에 의해 잠시 동안 평화가 찾아 든 것 같지만, 국민의 생활은 조금도 좋아지지 않고 정권을 빼앗은 사람의 권력욕을 만족시켜 준 것에 지나지 않는다.

종교건 사상이건, 무엇이 옳고 무엇이 옳지 않은지 구분이 되지 않는다는 것이 현대의 양상인 것이다.

말법(末法)이라는 제악(諸惡)의 양상을 보면, 좌우 어디를 보나 투쟁과 혼란, 정욕과 물욕, 자기 보존과 자기 아집(自己我執), 불평등과 정신병, 공해 등이 항간에 가득차 있다. 편안함은 어디로 사라져 버렸는지 사람들의 마음은 어떻게 되어 버렸는지…….

나는 미야자끼의 연수회에서 이러한 세상과 함께, 인생의 진짜 목적은 어디에 있는가, 인간의 사명은 무엇인가, 하는 것 등에 대해서 이야기를 했다.

각별히 사람의 마음과 육체와의 관계, 전생윤회(轉生輪廻)의 실증을 통해 현재의 자기 자신의 마음가짐이 얼마나 중요한가에 대해 강조했던 것이다. 또한 마음 속에서 굳어져 버린 그릇된 상념과 행위를 어떻게 바로 잡아야 하는가, 그 반성하는 방법을 구체적으로 표시해 주기도 했다.

사람에게 있어서, 참으로 편안한 생활이란, 중용(中庸)을 근본 바탕으로 하는 팔정도(八正道)를 마음가짐과 행동의 표준으로 삼는 자력(自力)의 길밖에 없다고 본다.

연수회에 모여 든 사람들은 타력본원(他力本願)이야말로 인심구제(人心救濟)라고 믿고 있기 때문에 나의 이야기를 놀랍게 받아 들이고 있었다.

이런 속에서 악령들의 방해를 받아서 나의 이야기를 안 듣고 있는 이들도 상당히 많았다.

기미꼬를 비롯한 몇 몇 사람들은 강연중에 졸고 있었다. 어머니인 도모꼬는 열심히 듣고 있었으나 딸은 마왕이 자기의 꿈나라로 끌어 들이고 있었다.

강연을 끝내고 참가자 전원이 반성할 시간이 찾아 들었다. 팔정도(八正道)를 척도로 삼아서 지금까지의 인생항로에서 저지른 죄에 대해 하느님에게 사과드리고 있는 사람들의 몸에서는 거무스럼한 연기와 같은 것들이 나오고 있었다. 이것은 마음 속의 부조화를 이룬 상념을 쏟아 놓고 있는 모습이다.

노이로제에 걸려서 자신의 마음을 악령에게 지배당하고 있는 사람은 두 눈을 크게 뜨고, 자기 자신의 완전한 마음을 상상케 하여, 본래의 자기 자신으로 돌아오기 위한 방법을 따로 따로 지도했다.

노이로제로 괴로워하는 이에게 반성을 촉구한다는 것은 보통은 할 수 없는 일이며, 억지로 반성을 시키면 악령이 표면으로 떠 올라와서 본인의 마음이 지배당하게 되어 노이로제가 더 한층 위험한 상태가 되는 것이다.

노이로제 환자와 1주일이나 2주일 동안 생활을 함께 할 수는 없는 일이고, 그렇게 하면 본인의 마음에 따라서는 오히려 병을 악화시키게 되는 것이다. 이런 경우에는, 마음이 비교적 안정되어 있을 때 반성을 하도록 권유를 한다.

사람들 가운데에는 반성이 뜻대로 되지 않는 이들이 있다.

이것은 악령이 방해를 하고 있기 때문이며, 만일 반성을 완전히 하게 되면, 악령이 본인의 마음에 빙의할 수 없게 되기 때문이다. 반성이 뜻대로 잘 되면, 마음이 가벼워지고 얼굴에 생기를 띄게 된다.

기미꼬는 반성할 것도 없었다. 앉아서 졸다가 가끔 정신을 차리면 앉음새를 바로 하고 정면을 바라보지만, 곧 또 졸기 시작하는 것이었다.

어렸을 때부터 부모의 지도를 받아서 엄격한 육체수행(肉體修行)을 익혀 온 기미꼬였다. 이곳에서의 연수회는 기미꼬에게 있어서는 마치 놀고 있는 것과 같았을 것이다.

약왕대문 대보살(藥王大文大菩薩)

반성의 시간이 끝났다.

나는 기미꼬를 상대로 수강자들 앞에서 영현상(靈現象)을 나타내 보이기로 작정을 했다.

잘못된 타력신앙의 두려움을 참가자들에게 깨닫게 하기 위해서는 역시 중요한 행사의 하나라고 생각되었기 때문이었다.

기미꼬는 나의 지명을 받고서 단 위로 올라왔다. 사람들의 눈초리는 일제히 그녀에게로 쏠렸다.

"기미꼬씨, 내 이야기를 알아들었습니까?"

나는 질문을 던졌다.

그녀는 당황한 태도로 한마디도 말을 못했다.

본시 어머니인 도모꼬가 강제로 끌고 온 것이기 때문에 나의 질문에 대답을 하지 못하는 것은 당연했다.

기미꼬의 남편도 와 있었다. 이 두 사람은 같은 교단에서 맺어진 동지였는데, 그녀의 남편은 이제부터 무슨 일이 일어날 것인가 하고 불안한 듯이 나를 바라다보고 있었다.

기미꼬는 무엇인가 두려워 하고 있는 표정이었다.

"기미꼬씨, 당신이 〈법화경〉을 낭송하고 있으면, 야마다 집안의 수호령이나 남편인 무라까미 집안의 수호령이 당신의 몸을 통해서 이야기하지 않던가요?"

"네, 수호령께서 나타나시죠. 엄격한 수행을 쌓아 온 터이니까요."

수호령에 대한 이야기를 하니까 기미꼬는 갑자기 우쭐해지는듯 했다. 그리고는 나를 뚫어지게 보는 것이었다. 그 눈은 나를 꿰뚫을 것 같이 날카로왔다. 나이는 서른이 되지 않았는데 엄격한 수행을 해 온 탓인지 나이보다 늙어보이는 얼굴이었다. 그러나 얼른 보기에는 다른 주부와 조금도 다른 데가 없을 뿐만 아니라, 오히려 비교적 활발한 젊은 새댁이라는 느낌을 주는 부인이었다.

하지만 그녀의 마음 속은 마왕이 지배하고 있어서 마음은 항상 안정을 이루지 못하고 있었고, 교만방자한 마음과 노여움, 지배욕에 흔들리고 있었다. 그녀의 마음을 보면, 이 사람이 설마 그럴 수 있을까 싶을 정도로 얼굴과 마음의 이율배반을 깨닫게 된다. 그러나 이런 사실은 여간해서 알기가 어려운 일이다.

"기미꼬씨, 항상 나타나는 수호령을 나오게 해 주시오."

나는 자신의 마음을 튼튼하게 바로 잡고, 교만이나 허영심이 없는가, 그리고 겸허한 마음의 상태에 놓여 있는가를 확인함과 동시에 '기미꼬를 구해 주십시오' 하고 마음 속으로 염원하고 그녀를 재촉했다.

기미꼬는 사뭇 우쭐해져서 바로 앉았다.

두 손을 합장시키고 가볍게 두 눈을 감았다. 그러자 그녀의 곁에 서 있던 마왕(일반 사람들 눈에는 보이지 않는다)은 저으기 당황하는 것 같았다. 만일 여기서 자기가 기미꼬의 마음을 지배하여 현상화(現象化)되어서 일반 사람들에게 마왕이라는 사실이 드러나면 난처하다고 생각한 모양이었다.

"나무묘법연화경(南無妙法蓮華經), 나무묘법연화경……"

기미꼬는 마음을 통일하려면 으레 이 대목을 외우곤 했다. 그러면 이상하게도 자기를 잊은 상태에 도달하게 되는 것이었다. 자기를 잊은 상태는 평소의 정신적인 불안정을 안정한 상태로 이끌어 준다. 그래서 그녀는 이 마음의 상태야말로 불교에서 이야기하는 '공(空)'에 틀림이 없다고 생각했던 모양이었다.

염불은 계속되었다. 그녀의 곁에 서 있던 마왕은 그녀의 염불의 파동을 타고 빨려 들어가듯이 그녀의 마음을 차지해 갔다.

바깥에서 보면, 그녀와 마왕이 마치 사진을 겹쳐 찍은 것과 같이 겹쳐 보인다. 이렇게 되면 그녀의 인상(人相)도 변한다. 마왕의 인상이 되는 것이다.

합장하고 있는 두 손은, 원숭이나 고릴라가 하듯이 자기의 가슴을 치기 시작했다. 이어서 정좌(正座)하고 있는 두 무릎이 들먹거리기 시작했다.

"왓왓왓……, 하하하……"

무시무시한 느낌을 주는 웃음소리가 그녀의 입에서 터져 나와 넓은 회장 가득히 울려퍼졌다.

"왓, 왓, 왓"

이제는 기미꼬가 아니었다. 기미꼬의 그 작은 입에서 어떻게 이처럼 커다란 웃음소리가 나올까 하고 회장에 모인 사람들의 눈길은 하나같이 그녀에게 쏠려 있었다.

그녀는 나를 똑바로 보며 사뭇 의기양양한 태도로 노려보는 것이었다. 물론 겉모습에 나타난 그녀의 두 눈은 굳게 감긴 채였다.

그러나 나에게는, 마왕의 특징인 상대를 위압하는 날카로운 커다란 눈이 나를 노려보고 있는 것을 알 수가 있었다.

"마왕, 그대는 마왕이로군."

"뭐야? 뭐라고? 그게 어쨌다는 거냐."

기미꼬의 입에서 나오는 목소리는 여성의 음성이 아닌 남자의 목소리였다.

"그대는 야아다 집안의 수호령이라는데 그게 사실인가?"

"바로 그렇다. 야아다 집안을 조상 대대로 지켜 온 수호령이다."

"수호령이라면 어째서 가족들을 병들게 하고 불행하게 만드는가?"

"그것은 조상에 대한 공양이 부족하기 때문이지. 참회가 부족하기 때문이야. 하하하……. 꼴 좋다!"

마왕은 혼자서 신바람이 나 있었다.

"공양이란 무엇을 말하는 건가?"

"조상에게 좋은 계명(戒名)을 선사하고 염불을 열심히 외우는 거지."

"그것이 공양인가?"

"그렇다!"

마왕은 기미꼬의 몸을 전후 좌우로 흔들게 하고 있었다. 초조해 하는 태도였다.

"야마다 집안의 수호령이 지옥에 떨어져 있는데 조상에게 공양하라는 것은 무슨 말인가? 지옥에 떨어져 있는 자에게 공덕을 가르치는 게 어떻게 가능한가? 그대 자신은 어째서 지옥에 떨어져 있는지 그것을 알고 있는가? 그대는 야마다 집안의 조상도 아니고 수호령도 아니잖는가?"

"하하하…… 들통이 났구먼."

마왕은 자기의 정체가 탄로난 탓인지 갑자기 얼굴을 수그린다.

그때까지 기미꼬의 얼굴은 나를 향해 쳐들고 있었는데, 여기까지 이야기하자 그녀의 얼굴은 앞으로 푹 숙여지고만 것이었다.

"마왕, 어떻게 된 거지? 갑자기 기운이 없어진 것 같은데……."

마왕은 아무런 말도 하지 않고 조용하기만 했다.

"마왕이여, 내 이야기를 잘 들어야 한다. 지상계(地上界)의 부모들이 자기가 키운 자식들을 밉다고 생각하겠는가? 밉다고 생각하는 사람은 하나도 없을 게다. 어느 누구나 자기가 키운 자식은 귀엽게 마련이다. 모두 행복해지기를 바란다. 세상을 떠난 조상도 자기의 자손이 불행해지기를 기뻐하는 이가 어디 있겠는가? 없을 게 당연하지. 만일 자손이 불행해지는 것을 보고 기뻐한다면 그것은 인생을 욕망대로 살고, 만족할 줄을 모르게 된, 사람답지 못한 인간일 게다. 지옥에 떨어져서, 지옥의 고통을 견디지 못하여 조화를 이루지 못하고 있는 지상계의 자손에게 빙의되는 자는 조상도 아니고 아무 것도 아니다. 그런 짓을 하고 있으면, 조상의 영혼은 더욱더 지옥계에서 빠져 나갈 수 없게 되어 그 고통은 언제까지나 계속될 것이리라. 자기 자신을 진정으로 사랑한다면 남의 불행을 기뻐할 수는 없는 것이고, 하물며 남의 마음 속에 파고 들어가서 그 사람의 일생을 망쳐놓는 짓은 할 수 없을 게다. 그대에게도 이 정도의 이치는 알 수 있을 걸. 어떠냐? 마왕아!"

이때, 마왕은 나에게서 도망치려고 했다. 기미꼬는 등을 돌리더니 살그머니 도망치려고 했다.

"마왕이여, 너는 도망칠 수 없다. 거기 있어야 한다."

"아, 이것 참 큰일났는데…… 그러니까 나는 이런 곳에 와서는 안된다고 기미꼬에게 이야기 했던 게야. 그런데 이 계집이 찾아왔어 에잇!"

이번에는 기미꼬의 탓으로 돌리고 있다.

"마왕이여, 잘 듣도록 하라. 부모에게 효도를 다한다는 것은 무엇을 말하는지 아는가? 우리들은 부모로부터 육체를 받았다. 땅위 세계에서 수행할 수 있는 육체를 받았고 또 훌륭하게 키워 주셨다. 그러니까 부모님에게 감사하는 것은 당연한 일이며, 소중한 일이 아닐까? 그러니까 부모님의 은혜에 보답하는 길은, 건전한 정신과 건강한 육체를 지니고 경제적으로도 안정되고 조화된 생활을 영위하는 게 아니겠는가? 인간의 오관(五官)으로는 알 수 없는 너희들이, 그것을 악용해서 눈 먼 인생을 살고 있는 사람들을 잘못된 방향으로 빠지게 만들어서는 안되는 게다. 〈법화경〉의 뜻을 잘 이해하여 생활하고 있는 사람들은 지옥에 떨어질 까닭이 없는 게다. 공염불(空念佛)인 타력(他力)에 의해서는 너희들도 구제될 수 없다고 생각한다. 어째서 자기가 지옥 속에 떨어지게 되었으며, 그렇게 된 원인을 반성해 보는 게 어떤가?"

"응…… 반성……. 그런 것은 오래 전에 잊어버렸다."

마왕은 그래도 내가 하는 이야기를 어느 정도 알아듣는듯 했다.

“마왕이여, 그대는 이 여성을 자유스럽게 지배할 수는 없을 게다, 어떠냐?”

“응…… 분하도다. 이제 이 여자는 내 마음대로 할 수가 없다. 올바른 길을 알게 되었으니 어쩔 수 없구나!”

“마왕이여, 그렇게 분하게 생각할 것은 없다. 너도 올바른 마음과 행동을 실제로 해 보면 되는 게야.”

“나는 틀렸어. 나는 틀렸다고! 우리 패들에게 방해를 당한다.”

마왕은 가슴을 쥐어 뜯는 시늉을 하면서 울음을 터뜨리고 마는 것이었다.

그럭저럭 하는 동안에 마왕의 뒤에 한층 커다란 검은 그림자가 가까이 다가왔다.

나는 이것이 대마왕(大魔王)이로구나 하고 직감했다. 다음 순간, 대마왕은 눈 깜짝할 사이에 기미꼬의 몸을 지배하고 말았다.

기미꼬의 몸이 작게 진동했다.

야마다 집안의 수호령임을 자칭하던 악령은 이 대마왕에 의해 밖으로 내어 던져지고만 것이 분명했다.

“너는 누구냐? 이름을 대라.”

“나는 약왕대문 대보살이다.”

조금 전의 마왕과는 달리, 어딘지 말하는 게 큼직했다. 지옥계에도 무엇인가 커다란 조직이 있어서 그 조직을 움직이다 보니 대마왕과 같은 품격을 지니게 되는듯 했다.

“약왕대문 대보살, 그대는 언제 지옥계에 떨어졌는가?”

“나는 지옥계에 떨어지지는 않았다. 나는 대보살이다.”

“대보살이라니 무슨 당치도 않은 소리인가? 자기 자신을 스스로 높여서 이야기하다니, 너는 대단한 심장의 소유자로구나. 빛의 천사란 좀더 겸허하여 사람들 앞에서 우쭐대고 뻐기는 법이 없다. 나는 네 모습을 이 눈으로 보고 있다. 너는 일련종(日蓮宗)에 속했던 행자(行者)가 아니냐? 아무 것도 깨달은바 없어, 동물령에게 지배당하여 지옥계에 떨어져 버린 게 아니냐? 많은 사람들을 잘못 인도해서는 안된다. 네가 진짜 대보살이라면, 석가시대의 인도말로 이야기를 해 보려므나."

"그런 것은 옛날에 잊어버렸다."

"그럴게다. 지옥에 떨어져서 마음까지 썩어 버렸으니까."

회장에 모인 사람들은 나와 대마왕이 주고 받는 이야기를 바짝 긴장하여 듣고 있었다. 그러나 지켜보고 있는 사람들 가운데에도 그릇된 신앙에 의하여 마음을 악마에게 지배당하고 있는 이들이 사실은 많은 것이다.

기미꼬의 육체를 통해 지금 현상화(現象化)되어 있는 상태를 남김없이 지켜 보아야 할 참가자에게는 더없이 소중한 기회가 아닐 수 없었다.

"너는 신자들에게서 긁어모은 많은 돈을 어떻게 하는 거냐?"

"하하하…… 그것은 내 돈이다."

"지옥계에서 어떻게 그 돈을 쓴다는 거냐. 무엇 하나 살 수도 없고 쓸 데가 없지 않느냐?"

"계집이다, 계집 우흐흐……"

기미꼬의 몸에 붙어 있는 대마왕은 긁어모은 더러운 돈을 자기 주머니 속에 집어 넣는 시늉을 해 보인다.

지옥계에 떨어진 이러한 영혼들은 얼른 보기에 단순하고 조금 머리가 보통 사람들보다 모자라는 것같이 느껴진다. 사실 머리가 모자랄 뿐만 아니라, 마음이 어리기 때문에 지옥에 떨어져 버리는 것이지만, 또 하나는 이승에서 저승으로 돌아가면, 사람의 마음은 이승에서 가장 강하게 생각했던 것, 행동했던 것이 그대로 나타나게 되기 때문에 땅 위에 사는 사람과 비교하면 상식 밖의 이야기를 아무렇지도 않게 이야기하고 행동하게 되는 것이라고 할 수가 있다.

이승인 현상계(現象界)에서는 마음 속에서 생각하는 것, 생각하고 있는 것을 사람들 앞에서 얼마든지 숨길 수가 있다. 이를테면 돈을 갖고 싶다고 생각해도, 남 앞에서는 그렇지 않은 듯한 표정을 얼마든지 지어 보일 수가 있다.

그러나 저승의 영혼들은 이런 거짓이 통하지 않고, 가지고 싶은 것은 갖고 싶다고 행동이 되어 나타나게 되는 것이다. 즉 마음먹은 대로의 세계가 저승의 생활이라고 생각하면 된다.

가장 좋은 예는, 꿈속의 자기 모습을 생각해 보면 된다. 꿈속에서는 남의 눈을 조심하는 자기 자신의 의지라고 하는 것이 작용하지를 않는다.

이를테면 아름다운 여인이 벌거벗은채 눈 앞에 있다고 하자. 주위에 사람들이 안 보이고 자기와 벌거벗은 미인뿐이라면, 평소에 성적 욕망에 자기 마음이 지배당하고 있는 사람은 상대가 처음보는 여성이라고 해도 곧 행동으로 옮기고 말 것이리라. 땅 위의 세상이라면 처음 보는 벌거벗은 여성이 설사 눈 앞에 서 있다고 해도 의지의 힘이 작용해서 자신을 억제하게 된다. 좋고 싫어하는 감정이라든가, 뒤에 일어날 여러 가지 일들을 생각한다든가 하는 갖가지 요인이 작용해서, 자기 마음 속에 도사리고 있는 욕망을 똑바로 나타내지 않게 된다.

그러나 저승은 그렇지가 않은 것이다. 꿈 속의 자기와 같이 생각하는 것, 간단히 원하는 것이 그대로 나타나고 만다. 그러니까 마왕이나 지옥계에 사는 영혼이라고 하는 것은, 이 세상의 상식으로서는 생각할 수 없는 이른바 한층 타락한 모습으로 나타나기 때문에, 나타난 모습만을 보면, 아주 유치해서 어린애 같은 느낌이 들게 마련이다.

신령님을 받들고 믿고 있는 동안에 이러한 마왕이나 악령이 빙의되게 되면 그들은 저승인 4차원의 세계에 살고 있어서 어느 정도 앞 일을 내다 볼 수가 있기 때문에 그럴듯한 소리를 해서 사람의 마음을 조종하게 된다.

기미꼬의 수호령이 그 좋은 예인 것이며, 그 때문에 기미꼬는 조상의 수호령이 자기와 가족들을 지켜 주고 있다고 착각해 왔던 것이다. 그러나 본래 악령은 자기 자신밖에는 생각하지 않기 때문에, 멀지 않아 가정 안에는 여러 가지 혼란이 빚어지게 마련이다.

또한 이런 마왕이나 동물령이 교조(教祖)나 지도자에게 빙의되면 신불(神佛)의 이름을 빌어서 괴로움에 허덕이는 신자로부터 '기부금'을 긁어 모아서 대신전(大神殿)·대불전(大佛殿)을 마구 세우려고 든다.

어리석은 신자들은 교조로부터 돈을 바치면 공덕이 있다는 소리를 듣고, 집까지 팔아가면서 재산을 몽땅 털어 넣는 사람들조차 생기게 된다.

우리가 살고 있는 이 지구 자체가 대신전인데, 어째서 그와 같은 신전이 필요하다는 것인가? 신자는 본래 욕심이 많기 때문에 돈만 많이 바치면 극락정토(極樂淨土)에 갈 게 틀림없다고 생각하여 욕심과 신앙이 곁들인 두 갈래 길을 가는 것이다.

도대체 이런 신을 모시는 신전이 왜 필요한 것일까? 사람이란 보고 듣고 말하는 것에 사로잡히기 쉽게 마련이다. 감각에 약한 것이 육체인간이기 때문에 훌륭한 대신전이 완성되면 점점 더 두려워하고 존경하는 마음이 강하게 되는 것이다.

다시 말하면, 신자들은 그 훌륭한 대신전을 통해 그것을 만들게 한 가짜 신을 숭상하게 된다는 이야기이다.

또한 교조나 지도자는 그것에 의하여 부유한 생활이 가능해지는 터이기도 하다. 종교라고 하는 것은 정말로 무서운 것이다. 사람들은 좀더 많은 의문을 가져야 한다.

질병 · 가난 · 가정의 부조화(不調和)──.

이것들은 원인이 있기에 결과가 생기는 것이며, 그 원인을 아주 없애 버리지 않는 한 이런 결과에서 영원히 빠져 나올 수 없는 것이다. 또한 절을 하거나 염불을 외우거나 하는 것만으로 질병이 고쳐지거나 가난이 해소되거나 할 수는 없는 것이다.

기도를 해서 질병이 고쳐지는 경우도 있기는 하지만, 무릇 질병의 75퍼센트까지는 빙의령(凴依靈) 때문에 생기는 것이기에 그 빙의령이 잠시 그 사람에게서 떨어져 나가므로서 고쳐지는 것이다. 그러나 계속해서 마음이 욕망이나 자기보존의 정신으로 충만되어 있을 경우에는 또다시 다른 질병이 병발해 본래의 상태로 돌아가고 만다.

질병을 고치려면 질병에 걸리게 된 원인이 있는 법이니까, 그 원인을 우선 없애야 한다. 육체적으로 무리를 하지 않았는가? 정신적으로 편협된 생각에 지배되어 오지 않았는가? 남을 미워해 오지 않았는가? 마음이 항상 감정에 치우쳐 있지 않았는가?

자기 생각만 하고 남의 불행을 바라는 일은 없었는가? 질투심을 불태우지 않았는가? 교만해지지 않았는가? 하루 하루가 후회 없는 마음과 행동이 올바른 생활이야말로 행복에의 길로 통하는 것임을 알아야 한다.

기미꼬의 육체를 지배하고 있는 마왕은 불교를 지(知)와 의(意)로 배웠을 뿐, 인간의 마음의 근본이 무엇임을 이해하고 있지 않았기 때문에 자기 보존의 욕망이 그대로 드러나고 마는 것이다.

그러나 비록 저승에 사는 마왕이라고는 해도 신불의 자식이며, 하느님의 아들임에는 틀림이 없다. 때가 되면 자기 자신의 잘못을 깨닫고 하늘 위로 승천할 수 있는 것이라고 생각된다. 그러나 마계(魔界)에 몸을 떨어뜨려서 마계의 파동을 땅 위에 마구 뿌려 놓는 것은 그만큼 많은 사람들에게 괴로움을 안겨 주는 것이 된다. 말하자면, 마왕 자신이 마계에 떨어진 자기 자신의 죄와, 지상계(地上界)의 사람들에게 혼란을 안겨 주는 죄, 즉 이중(二重)의 죄를 짓게 되는 것이다.

나는 아주 좋은 기회가 온 것이라 이 마왕이 나의 이야기를 이해하여 마음을 고쳐 주기를 바라마지 않았다. 그런데 기미꼬를 지배하고 있는 마왕은 생전에 밀교(密教)를 배웠기에, 나의 마음의 움직임을 봉쇄하기 위해 밀교의 수도(手刀)로서 나에게 대항해 왔다.

나는 즉시 두 손을 높이 쳐들어서 마왕을 향해 신의 빛을 던져 주었다. 그러자 마왕은 입을 닫았다 열었다 하면서 그의 염력(念力)은 허공을 가를 뿐, 그 힘을 잃고 말았다.

"마왕이여, 어떤가? 너는 네 자신이 법력(法力)이 있다고 생각한 모양이지만, 너의 법력에는 아무런 힘도 없지 않느냐? 말도 할 수 없게 되었지 않은가?"

"우우— —"

마왕은 오직 신음만 할 따름이었다.

"너는 지금 어디에 있는가?"

"캄캄해서 아무 것도 보이지 않는다."

"마왕이여, 그대는 화를 내면 낼수록 자유를 잃게 될 것이다. 그대의 노여워하는 마음이 괴로움을 만들어 내고 있는 것이다. 마음을 가라앉혀서 올바른 법을 따라야 한다."

기미꼬의 육체는 마왕이 점령하고 있어서 마땅히 겪는 괴로움은 그대로 기미꼬의 육체의 고통과 통하게 되어 있다.

나는 가능하면, 이 마왕을 개심시키고 싶었지만, 기미꼬의 육체가 과연 견딜 수 있을지 걱정이 되었다.

이 이상 마왕을 기미꼬의 육체 안에 머무르게 하는 것은 그녀의 육체가 감당할 수 없다는 생각이 들었기 때문이다.

"마왕이여, 그대는 이 여성의 몸에서 밖으로 나와라. 그대는 우리들에게 붙잡혀서 괴로울 게다. 땅 위에 사는 사람들 마음에 부조화스러운 분위기를 주어서는 안된다. 자, 이 여성에게서 나가도록 하라."

이렇게 말한 순간, 기미꼬는 자리에 앉은 채 뒤로 쿵! 하고 쓰러지고 말았다.

마왕이 기미꼬의 육체에서 빠져 나가는 순간, 기미꼬의 의식을 갖고 가 버렸기 때문이었다.

기미꼬는 실신상태가 되어서 호흡곤란을 일으키고 있었다.

나는 곧 기미꼬의 심장에 빛을 주었다. 손바닥으로 따뜻하게 해 주면, 2,3분이면 곧 정신을 차리게 된다.

몇 사람의 의사들이 입회하고 있었는데 그녀의 상태는 일종의 빈혈증상이라고 했다.

"아, 몸이 굉장히 가벼워졌습니다. 지금까지 제가 어떻게 하고 있었는지 조금도 알 수가 없습니다. 어깨가 무겁던 것도 좋아졌습니다."

기미꼬는 제 정신으로 돌아온 게 분명했다. 얼굴빛도 창백하던 것이 붉으레해지고 젊은 여성으로 되돌아 와 있었다.

마음의 생활

육체라는 배의 사공인 마음이 달라짐에 따라서, 이렇게도 사람의 모습이 달라질 수 있는가 하고 많은 사람들은 두 눈을 크게 뜨지 않을 수 없었다.

"기미꼬씨, 무엇인가 가슴을 두군거리게 하던 것이 없어진 것과 같은 느낌이 들지 않습니까?"

"네, 초조하던 마음이 완전히 가라앉았습니다."

"그 밖에 무엇이든 생각나는 게 없습니까?"

"그렇군요. 이 회장 안에 들어왔을 때부터 어깨가 뻐근하고 머리가 아파서 견딜 수가 없었습니다. 그리고 선생님이 말씀하시고 있는 동안, 엉터리다, 엉터리다, 듣지 말라, 귀를 기울여서는 안된다. 〈법화경〉 낭송에 의한 조상공양만이 옳은 게야, 이야기를 듣지 말아라, 하고 가슴 속에서 소리가 들려왔습니다. 저는 그럴까 하고 망설이고 있었지만, 어머니의 다리 아프던 것이 좋아졌기 때문에 어쨌든 선생님의 이야기를 들어보아야겠다고 결심을 했던 것입니다. 그러나 이야기를 듣고 있는 동안에 잠이 쏟아져 와서 아무리 이야기에 귀를 기울이려고 해도 뜻대로 되지 않아 몹시 애를 먹었습니다. 지금은 마음이 아주 상쾌합니다."

기미꼬는 지금까지의 사실을 그대로 여러 사람들 앞에서 이야기해 주었다.

기미꼬 자신이 순수해지고 마음이 조화를 이룬 상태가 되면 마왕은 기미꼬에게 가까이 갈 수가 없다. 사실, 마왕은 기미꼬 곁에는 없었다. 따라서 기미꼬 자신도 밝고 솔직해질 수가 있다.

그러나 기미꼬의 경우도 마음을 아주 놓을 수는 없다. 왜냐하면 한번 마왕의 의식과 접촉했던 사람들은 마음의 조화가 깨지게 되면 마왕은 곧 가까이 오게 되기 때문이다. 이때문에 한번 이런 경험을 한 사람은, 항상 마음의 조화를 이루도록 힘써야 하며, 마왕의 파동을 완전히 끊어버리기 위한 노력을 해주기 바란다.

기미꼬의 남편이 가까이 와서,

"아내는 집에 있을 때도 자주 이런 현상을 일으키곤 했었습니다."

"어떤 현상이었죠?"

"조금 전과 같이 집안의 수호령이 나타나서 저에게 조상에 대한 공양이 부족하다고 엄하게 야단을 치는 것이었습니다. 저는 신령님인줄 알았기 때문에 정성껏 받들어 모셨습니다."

"그렇습니까? 그래 이상하다고 생각지는 않았습니까."

"의문을 가졌다가는 큰일납니다. 신령님이 폭력을 휘두릅니다."

"신령님이 폭력을 행사하는 것입니까? 아니면 부인께서 폭력을 쓰시나요?"

나는 웃으면서 물었다.

"아내가 수호령이라고 하니까, 그 말을 믿을 수밖에 없었

습니다."

"지금은 어떻습니까?"

"이제 완전히 알았습니다. 역시 맹신(盲信)하고 있었던 게 분명합니다. 아내와 저를 구해 주셔서 정말 감사합니다."

하고 말하는 순간, 그의 눈에서는 눈물이 번득였다.

대개의 신앙은 가정까지 희생이 된다.

전생의 업(業) 때문이니까 하는 수 없다. 사람들에게 공덕을 베푸는 것은 당연한 일이며 그렇게 하지 않으면 더욱 불행해진다고 한다.

우리들 생활의 기본은 가정에 있다. 가정에서 모든 것이 출발된다. 그렇건만 그 가정이 소홀해지고 신앙으로 1년 내내 집을 비우고 신자 획득을 위해 뛰어다닌다고 하는 것이 지금까지의 신앙생활이며, 그것이 또한 신앙심의 표현으로 취급되어 왔다. 정말 끔찍스러운 일이 아닐 수 없다.

참다운 신앙이란 그런 것이 아니라고 생각한다. 올바른 법칙에 따라서 마음을 바로잡고 올바른 생활을 하는 데 있다고 본다.

고통이나 슬픔의 현상이 나타나면, 우선 걸음을 멈추고 그 원인을 없애는 것이 중요하며, 또한 두번 다시 똑같은 과실을 범하지 않도록 하는 게 신앙인 것이다.

어머니인 도모꼬는 딸인 기미꼬가 정법(正法)에 귀의하게 된 것을 자기 일처럼 기뻐했다.

또한 이 모임에 참가한 사람들은 정도(正道)에 맞는 반성의 공덕을 알고, 간직해서 자기 반성을 하는 이들이 많아져서 첫날이 지나 이틀째가 되자, 회장의 분위기도 완전히 바꿔다시피 됐던 것이었다.

제 *4* 장
인간의 마음, 그 불가사의

위선(僞善)의 허무함

사람의 '마음'은 손으로 집어 내어 볼 수도 없는 것이다. 이것이 '마음'이다, 라고 해도 쉽사리 이해하기 어렵다. 그러나 사람은 '마음'을 누구나 갖고 있고, 그것은 영원히 변하지 않고, 또한 그런 '마음'이야말로 진짜 자기 자신인 것이다.

사람의 마음은 어디든지 자유스럽게 갈 수 있고, 국경도 물질적인 장해 조차도 없다.

사상에 의한 속박도 스스로의 의지로써 이를 해방시킬 수 있고, 미래의 나라에도, 현재의 나라에도, 그리고 과거의 나라에도 자유스럽게 왕복할 수 있는 이상한 힘조차 가지고 있다. 너무나 자유스럽기 때문에, 또한 위험도 뒤따른다고 말할 수가 있다.

생각할 수 있는 자유, 그릴 수 있는 자유는 있지만 그 자유 속에도 엄연한 법칙이 있음을 많은 사람들은 잊고 있다. 이 법칙을 무시했을 때부터, 사람들은 마음 속에 고뇌를 만들어 작은 자기 자신 속에 불행에 빠진 듯한 새로운 자기를 탄생시키는 것이다.

그 좋은 증거로 이 땅 위에는 이기심과 욕망이 소용돌이쳐서, 계속 싸움이 일어나는 게 아닌가.

일단 사람의 마음이 육체라고 하는 5관을 뒤집어 쓰게 되면, 육체가 자기라고 생각하게 되고, 육체를 움직이고 있는 자기의 마음을 소홀히 여기게 된다.

앞을 못 보는 캄캄한 인생은 그리하여 우리들의 일생을 지배하게 되어 온갖 괴로움이 많은 드라마가 엮어지게 되는 것이다.

우리들의 마음은, 육체를 뒤집어 쓴 순간부터 중용(中庸)이라고 하는 하느님 자녀의 본성을 나타내지 않으면 안된다고 생각한다. 그 중용의 본성은 항상 선아(善我)에 의해 뒷받침이 되어 있다.

5관을 통해 여러 가지 것을 생각하고 그리고 또 하나의 자기는 이 선아의 지배아래 있음에도 불구하고, 점차 선아를 마음 속 깊이 밀어 넣고, 5관에 바탕을 둔 아집인 가짜 위선이 마음 속을 점령하게 된다.

위선적인 자기는 자기 본위이다. 욕망에 마음을 휘둘린다. 남은 어떻게 되든 자기 자신만 좋으면 된다는 생각이 사회를 뒤덮어 땅 위는 더욱 더 혼란을 거듭하게 된다. 물질중심의 사상이 생겨나서 사람들은 더욱 더 진실에 어둡게 된다.

그러나 물질중심과 오관중심, 중용을 잊은 위장된 자기가 시키는 대로 따라가는 생활이 얼마나 허무하며, 아무 것도 얻는 것이 없음을 사람들은 머지 않아 깨닫게 될 것이다.

극심한 노이로제

1972년 12월——.

나의 친구의 소개를 받았다면서 어린 두 아이를 거느린 젊은 부인이 나를 찾아왔다. 얼굴은 여위고 화장도 제대로 하지 않은 얼굴이었다. 얼른 보아서 생활고가 몸 전체에서 풍기고 있었다.

하지만 어머니의 괴로움 같은 것은 아랑곳없이 두 어린이는 순진하게 웃고 있었다. 나는 이 세 사람을 본 순간, 이 어머니를 구해 주지 않으면 안되겠다고 결심을 했다.

그녀의 뒤에는 창백한 얼굴의 악령이 버티고 서 있어서 이대로 뒀다가는 이 모자의 장래는 암담해질 게 틀림없다고 생각이 되었다.

그러나 이와 같은 악령이 근처에 있다는 것은, 그녀의 마음에 문제가 있는 것으로, 용케 나를 찾아왔구나 하는 생각이 들었다. 보통 경우 같아서는 여간해서 찾아올 수가 없을 것이었기 때문이다.

"아주머니 용케 저를 찾아오셨군요."

나는 우선 이렇게 가볍게 말을 걸어 보았다.

"네, 친척되시는 아주머니께서 꼭 한번 찾아가서 의논을 드려보라고 몇번씩이나 권했기에 이렇게 찾아온 것입니다. 실례라고 생각했습니다만 아주머니의 체면도 있고 해서요."

그녀는 자기 자신의 문제때문에 나를 찾아왔건만 마치 남의 이야기를 하듯 했다. 무지(無知) 만큼 무서운 것은 없다.

"그럼 아주머니는 할 수 없이 오신 거로군요."

"……."

"좋습니다. 모처럼 오셨으니까 찾아오신 보람이 있을 겁니다."

"대단히 죄송합니다."

머리를 가볍게 조아리기는 했으나 매우 쌀쌀한 태도였다.

상대가 그렇다면, 이쪽도 쌀쌀하게 대하리라는 생각을 갖기가 쉬운데, 이대로 버려 두면 이 부인은 가족들과 함께 집단자살을 하고 말 것이 분명했다. 두 어린아이와 함께 말이다.

나는 마음 속으로 어떻게 해서든지 그녀의 마음에 등불을 켜 주지 않으면 안되겠다고 생각했다.

"아주머니, 살아 간다는 것은 참으로 힘든 일입니다. 그러나 그 힘든 것을 뛰어 넘으면 인생은 즐거운 것입니다. 지금의 환경에 져서는 안됩니다. 이 귀여운 어린애들을 위해서도 말입니다."

"그렇습니다. 이 아이들을 생각하면 마음을 모질게 먹어야 한다고 스스로 채찍질하고 있습니다."

이 부인은 허영심이 강한 성격인 게 분명했다. 자기의 지나온 과거와 교양이라는 것에 마음이 꽁꽁 묶여서 자기 마음을 벌거벗게 할 수가 없었다.

부인의 이름은 24세의 야마자끼 히로꼬(山崎弘子), 히로꼬는 중앙선(中央線), 연선(沿線)에 자리잡고 있는 고급주택지에서 태어났다. 아버지는 유명한 병원의 외과부장을 하고 있으며, 맏딸로서 풍족한 환경 속에서 자라났다.

어린 시절에는 명랑하고 솔직하여 학교 성적도 항상 상위에 속해 있었다. 학교 생활은 순조롭게 진행이 되어, 유명한 사립대학에 입학하겠다는 꿈도 이루어져서 포근한 마음으로 대학생활을 즐기고 있었다.

같은 대학에 야마자끼 가이찌(山崎佳一)라는 동급생이 있었다. 그는 얌전해 말이 없는 학생이면서, 성적은 남달리 뛰어나서 대학에서도 장래를 촉망받고 있었다.

그의 아버지는 아들이 다니는 대학의 교수로 재직했고, 가이찌의 희망에 따라서는 대학에 남아서 교수가 될지도 모를 입장이었다. 히로꼬는 가이찌로부터 늘 친절한 대접을 받았고, 모르는 게 있으면 그에게서 배우곤 했다.

가이찌는 히로꼬의 집에도 초대받아서 히로꼬의 양친으로부터 친절한 대접을 받은 일이 여러 번 있었다.

이런 일로 해서 히로꼬와 가이찌의 사이는 급속히 가까워져서 학교에서도 두 사람의 이야기는 모르는 사람이 없게 되었다.

하지만 가이찌의 부모는 아들에게 그런 여자 친구가 있다는 사실을 전혀 모르고 있었다. 히로꼬와의 관계를 가이찌는 집에서는 전혀 이야기를 하지 않았기 때문이었다.

가이찌의 아버지는 학교 안에서 아들에 대한 소문을 듣자 무섭게 화를 냈다. 학생은 공부가 첫째이며, 히로꼬와의 교제는 당장 끊어야 한다고 엄명을 했다.

가이찌의 집안은 엘리트 가정이며, 그는 어려서부터 공부만 하느라고 놀 시간이라고는 없이 자란 처지였다.

교육자인 아버지는 유난히 엄격하여, 가이찌는 아버지에게 꾸중을 들으면 가슴 속까지 얼어붙는 것 같았다.

그는 아버지로부터 심한 꾸중을 듣고는 거기에 반항할 수도 없어 더욱 더 고독해지고 말았다. 가이찌는 아버지의 꾸중에도 불구하고, 집안 내에서의 외로움을 달래는 뜻에서도 히로꼬에 대한 애정은 점점 더 두터워졌고, 그는 부모 몰래 히로꼬와 교제를 계속했던 것이었다.

가이찌는 부모의 희망과는 다른 길을 걸어 대학을 졸업한 뒤, 일류기업체에 취직을 했다. 그리고 머지 않아 히로꼬와 결혼하여 새로운 인생을 출발했다.

부모의 반대를 물리치고 결혼한 가이찌였기에 두 사람은 새집을 마련하여 독립을 했다. 독립을 해 보니까 부모 밑에서 살던 이른바 온실생활과는 달라서 사회인이라는 무거운 짐이 가이찌의 어깨를 무겁게 눌렀다.

대학을 나오기가 무섭게 모든 생활이 완전히 바뀌고 말았기에 그 생활이 바뀐 것만도 그에게는 부담이었다. 결혼생활은 조금도 즐겁지가 않았다. 그러자 아이가 태어나게 되고, 두번째 아이도 태어났다.

해외출장이 거듭됨에 따라 일과 가정의 무거운 짐이 그의 어깨를 내려 누르듯 실려 왔다. 가이찌는 또다시 외로워졌다. 대학생활에서의 고독은 히로꼬가 보충해 주었으나, 이제는 그 히로꼬 조차도 그에게는 무거운 짐이 되어 있었다.

가이찌는 아주 심한 노이로제가 되고 말았다. 밤에는 잠을 이루지 못하고, 낮에는 머리가 무거워서 일손이 잡히지 않았다.

그는 회사를 쉬는 일이 많아졌고, 의사의 치료를 받아도 조금도 나아지지가 않았다. 가이찌의 마음에는 부모에 대한 반발이 크게 작용을 하고 있었다. 그러나 히로꼬는 남편의 마음을 알 수가 없었다. 전혀 말이 없는 남편을 어떻게 하면 명랑하게 할 수 있을지 그 방법을 알 수가 없었다.

그녀는 두 어린이를 거느리고 어찌할 바를 모르게 되었고, 차라리 죽어 버릴까, 이런 차거운 가정은 나로서는 견딜 수 없다고 줄곧 생각해 왔다.

그리하여 그녀는 나를 찾게 되었던 것이다.

"주인 어른은 지금 노이로제를 앓고 계시군요."

나는 히로꼬의 얼굴을 보면서 이렇게 말했다.

"네, 지금 아주 심한 노이로제입니다. 주인의 병은 좋아질 수 있을까요?"

내가 먼저 이야기를 꺼내지 않았더라면 그녀는 이렇게 대답하지는 않았을 게 분명했다. 그녀는 의사의 딸이며, 자부심 때문에 굳게 입을 다물고 있었을 게 틀림없었다.

"회사는 휴직중이시군요."

"그렇습니다."

"정신과 의사에게 다니고 계시군요. 의사는 뭐라고 말하던가요?"

"정신피로라고 말하고 있습니다. 정신안정제와 위장약을 먹고 있습니다."

"지금으로서는 그 밖의 다른 도리가 없는 것 같군요."

나는 생각하기를 남편을 만나보지 않고서는 이 사건을 처리하기 어렵다고 보았으므로 우선 집으로 돌아가게 했다.

그로부터 며칠이 지난 뒤에, 남편인 가이찌를 데리고 히로꼬가 내 앞에 나타났다.

키가 훤칠하게 크고 바싹 여윈 얼른 보기에도 몹시 약하게 느껴지는 가이찌는 나의 방에 들어와서도 인사도 제대로 하지 않을 뿐만 아니라, 나의 방에서 나갔다 들어왔다 하면서 침착하지 못한 행동을 나타냈다.

그의 머리 주위는 희끄므레한 악령이 지배하고 있는 모습을 분명히 두 눈으로 알아볼 수가 있었다.

하지만 가이찌는 한마디도 말하지 않았다. 말은 하지 않지만 그는 마음 속으로, '뭐야…… 이런 데 사람을 다 끌고 오고' 하고 중얼거리면서 사람을 멸시하는 태도를 나타내고 있었다.

가이찌는 어렸을 때부터 공부만 강요받은 엘리트 가정의 희생자가 되어 있었다.

지식을 마구 쓸어 넣는 것이 얼마나 인간성을 잃게 하여 자기 자신을 포함하여 그 주위를 파괴해 가는가 하는 아주 좋은 견본이 가이찌라고 할 수 있으리라. 그는 완전히 사신(死神)의 포로가 되어 있었다.

가이찌의 마음은 부모에 대한 증오심과 자기 상실로 차 있었으며, 그것도 오랜 세월에 걸쳐서 자기 마음을 썩게 만든 것이기 때문에, 아주 간단하게 되살리기란 어려운 일이었다.

히로꼬를 한때 사랑했던 것처럼 가이찌의 마음 속에 따뜻하게 피가 통하는 것이 있으면 그래도 구해 낼 수 있는 길이 있기는 하다.

그의 마음에서 악령을 떼어 놓고, 자기 자신을 잃게 되기 전의 그의 마음으로 되돌아 가게 하면 되는 것이다. 그러나 그렇다고는 하지만, 설사 본래의 자기 자신으로 돌아온다고 해도, 그 돌아온 상태가 오래 계속될 수 있으면 좋지만, 그렇지 않으면 또 다시 먼저의 자기 상실의 상태로 되돌아 가게 되는 것이다.

사람의 마음이란 일념삼천(一念三千)이며, 그 일념삼천의 마음의 바늘(그리는 것, 생각하는 것의 방향)을, 인간으로서 올바른 방향으로 향하게 하는 노력이 없으면 괴로움은 항상 자기에게서 떨어지지 않는 법이다. 괴로움과 슬픔은, 다름 아닌 자기 자신이 만들고 있다는 이야기이다.

어떤 환경에 놓여지더라도, 사람에 따라서는 그 환경에 지배를 당하지 않고, 행복을 만들어 내는 사람도 있다. 행복과 불행의 갈림길은 무엇일까? 다름아닌 본인의 마음 자세에 달린 것이며, 나타나 있는 여러 가지 사실들을 본인의 마음이 그것을 어떻게 받아들여서 소화하느냐에 달려 있는 것이다.

그러면 그 현실을 받아 들이는 방법, 소화시키는 기준이 무엇인가 하면, 자기 자신을 포함해서 사물에 집착하는 마음이 강하면 불행을 만들고 집착심이 적으면 마음은 항상 밝을 수 있는 것이다.

나는 젊은 히로꼬의 비참한 모습을 보았을 때, 비록 잠시 동안이라도 그녀의 남편에게 붙어 있는 사신(死神)을 제거하리라고 생각했다.

가이찌의 뒤에 붙어 있는 악령에게 나는 빛을 보냈다. 그리고 그 악령에게 가이찌에게서 떨어지라고 했다. 악령이 떨어진 순간, 가이찌는 처음으로 입을 열었다.

"어쩐지 머리가 가벼워졌군요. 가슴 있는 데도 편해진 것 같습니다."

그의 머리를 점령하고 있던 검은 악령은 이제는 없다. 없어졌기에 몸과 마음이 자기 자신의 모습으로 돌아온 것이었다.

"가이찌씨, 당신은 본래의 자기 마음을 되찾아야 합니다."

"본래의 마음이란 무엇입니까?"

"그것은 말입니다. 당신은 지금 회사에서의 장래에 대한 걱정이라든가, 부모님에 대한 미움 등이 머리 속에 가득차서 혼란스럽습니다. 그것을 전부 버려야 합니다. 자기는 선택받은 사람이라는 엘리트 의식도 버리고 첫걸음부터 다시 시작해 보는 것입니다. 지금의 당신은 정신적인 무거운 짐을 너무 많이 짊어지고 있습니다. 이러한 것들을 버리면, 당신은 그때부터 명랑해져서 본래의 당신 마음으로 돌아오게 되는 것입니다. 마음을 잃어버린 지식이란 아무 소용이 없습니다. 마음의 공해를 뿌릴 따름입니다."

가이찌에게는 나의 말이 무슨 뜻인지 잘 이해가 되지 않는 듯 했다.

"정신적인 무서운 짐이란 자기가 항상 마음 속에서 생각하고 있는 것을 뜻하는 것이며, 해결되지 않는 여러 가지 문제를 말하는 것입니다. 생각해야 소용없는 일을 너무 생각하면 신경도 피로해지고, 마음도 초조해져서 가슴이 답답해집니다. 그러한 정신적인 짐을 부둥켜 안느냐 그렇지 않느냐는 사람들의 성격에 그 원인이 있습니다. 따라서 나는 아무래도 너무 골똘히 생각을 한다. 정신적인 부담을 많이 느낀다고 생각하거든 그러한 성격을 떨쳐 버리는 노력이 필요합니다. 즉 자기 자신의 결점을 수정해 가는 것입니다. 용기와 결단과 노력으로서 말입니다.

자신의 결점이란 다름이 아니라, 너무 한쪽으로 치우친 생각과 행동인 것입니다. 그러니까 그 치우친 것을 수정하기 위해서는, 남에게는 거짓말을 할 수 있어도 자기 마음에게는 거짓말을 할 수 없을 테니까 그 거짓말 할 수 없는 마음으로 수정을 해 나가는 것입니다. 그렇게 하면 대체로 자기의 이기심과 욕망이 자신의 결점을 만들고 있다는 사실을 알게 됩니다. 반성해 보아서 자기 자신에게 잘못이 있다고 생각이 되거든 하느님께 솔직하게 사과를 하는 것입니다. 그리고 두 번 다시 똑같은 잘못을 범하지 않겠다는 굳은 결심이 자기 자신의 결점과, 스스로의 불행에서 멀어져 갈 수 있는 중요한 요소가 되는 셈입니다."

가이찌는 내가 하는 이야기를 말없이 듣고 있었다.

"반성은 어렸을 때 자기를 키워 준 어머니에게 대해서 받은 것과 어머니에게 해드린 것을 하나 하나 기억해 내면서 마음에 낀 어둠을 없애는 것입니다. 우선 대부분의 경우는, 어머니로부터 받은 것이 많게 마련이고, 어머니에게 해드린 것은 적다는 것을 느끼게 되는 법입니다. 똑같이 아버지에 대해서도 반성을 해 보는 것입니다. 어머니와 자기와의 관계에 대해서 기억을 해 내는 데도 여러 날이 걸리게 마련입니다. 생각이 완전히 날 때까지 마음을 차분하게 하고 애써 보는 겁니다. 이와 같이 해서 학교의 선생, 동창생, 그리고 사회에 나온 뒤의 대인관계 등에 대해서 반성해 가면, 자신의 괴로움이 어디서 비롯된 것인지를 알게 됩니다. 이렇게 해서 마음의 무거운 짐과 집착심을 제거했을 때, 마음 속에 끼었던 어두운 구름은 없어지고 하느님의 빛으로 차게 되는 것입니다. 중요한 것은 자기 자신의 마음을 바로 잡기 위해서는 지혜와 노력, 그리고 용기와 결단이 필요하다는 것입니다."

내가 이야기하면서 그의 마음을 읽어 보니까, 가이찌는 내가 하는 이야기에 잔뜩 반감을 가지고 건성으로 듣고 있는 게 분명했다. 그는 마음 속으로,

"이 괴로움은 마음에 있는 게 아니고 머리에 있다. 머리가 무겁기 때문에 정신이 맑아지지 않는 거다. 그런 터무니없는 소리를 해도 나는 믿지 않는다."

라고 중얼거리고 있었다.

그러나 가이찌가 아무리 반박을 하고, 내가 하는 이야기를 부정한다고 해도, 노이로제의 원인은 마음의 무거운 짐 이외에는 아무 것도 아닌 것이다.

그리고 또한 이 병을 고치려면 자기의 마음가짐을 수정하는 수밖에 없는 것이다. 정신병원에 입원하여 퇴원할 수 있었다고 해도, 마음 속에 또다시 조화를 이루지 못한 상태를 만든다면 병은 재발하게 마련인 것이다.

가이찌는, 수학 · 물리 · 법률 · 사회 · 어학에 걸쳐서 우수했었다. 즉 무엇이고 소화시킬 수 있는 재능을 갖고 있었던 것이다. 그러나 지성은 풍부해도 그 지성때문에 교만한 마음이 싹트게 되면, 배운 지식이 오히려 자신에게 해가 되어 마음을 멍들게 한다.

배운 학문은 이것을 실천에 옮겨서 체험을 함으로써 지혜로 바꿀 수 있는 것이지만, 가이찌의 경우는 지식만으로 판단을 했던 것이었다. 그러니까 마음을 바로 가져야 한다고 해도 귀를 기울이려고 하지를 않았던 것이다.

그의 마음 속에 또다시 교만함이 머리를 쳐들기 시작했다. 이와 동시에 가이찌 가까이에 또다시 악령이 다가들었다. 마음의 작용이란 정말 무서운 것이다.

마음의 바늘이 움직이는 방향에 따라서 그 자리에서 현혹되고 마는 것이다. 보통은 이런 사실을 모른다.

악령은 아까와는 다른 인상(人相)이 나쁜 악마였다.

가이찌는 머리를 얼싸안고 몸이 약간 흔들리고 있었다. 조금 지나니까 조용해지고 머리를 얼싸안고 있던 손을 무릎 위에 올려 놓았다.

"몸은 괜찮습니까?"

내가 말을 걸었다.

가이찌의 얼굴은 약간 일그러질 뿐 대답은 물론 없었다.

"이봐요, 자기 자신으로 돌아가요."

나는 그의 두 눈을 보았다.

그는 두 눈을 숙이고 있을 뿐, 나의 이야기가 들리지 않는 모양이었다.

그의 얼굴을 보니 빙글빙글 웃고 있었다. 악령과 마음 속에서 이야기하고 있는 게 분명했다.

"가이찌씨! 가이찌씨"

나는 소리쳤다.

"네, 네, 네 ——"

나의 목소리가 겨우 들린 모양이었다.

"이봐요, 지금 마음 속에서 당신에게 이야기를 걸어오고 있는 것은 이 땅 위의 사람은 아니오, 악령이란 말이오. 그 이야기를 믿어서는 안돼오."

"아니 저의 친구입니다."

"그럴 리가 없소. 당신의 친구는 여기 없지 않소? 있는 것은 부인과 나뿐입니다."

"아니 조금 전에 저의 등을 두들겨서 저에게 알려 왔습니다."

"그것은 지옥에 떨어져 있는 악령입니다. 믿어서는 안됩니다."

"친구는 아무 것도 나쁜 짓을 하지 않았고, 재미있는 이야기를 들려 줍니다."

"당신은 살아 있는 사람과 이야기를 해야 합니다. 악령의 달콤한 말에 마음을 팔아서는 안됩니다. 악령과 이야기를 나누면 나눌수록 자기 마음을 어지럽히게 됩니다."

"그렇지 않다. 너는 그런 말을 믿어서는 안된다. 우리들은 친구다. 이런 방에서 빨리 나가도록 하라."

악령이 가이찌에게 이렇게 이야기하고 있었다. 객관적으로 보면 가이찌가 혼자 중얼거리는 말같이 들린다.

"가이찌씨, 자기의 마음을 둥글게 상상하세요. 뚜렷이 자기를 지켜보세요. 그곳에 있는 악령, 너는 가이찌씨에게 가까이 가서는 안된다. 너도 괴로울 게다. 그럴듯한 말을 해서 마음 속으로 가이찌와 이야기를 하고 있는데, 너는 가이찌씨를 지옥의 친구로 삼으려고 생각하고 있다.

하느님이시여, 가이찌의 마음에 평온을 주소서. 이 불쌍한 악령에게 빛을 비추어 주소서. 이 악령의 죄를 용서하여 주소서."

나는 정성껏 기도를 드렸다.

가이찌의 몸은 또다시 앞뒤로 흔들렸다. 악령은 몸 뒤로 이동했다.

"가이찌씨, 당신은 자기의 마음을 악령에게 팔아 넘겨서는 안됩니다. 그들과 이야기를 나누어서도 안됩니다."

"아, 없어졌다. 이야기 소리가 멀어졌다. 그러나 별로 나쁜 이야기를 하고 있었던 것은 아닙니다."

"그것이 좋지 않은 거요. 당신은 육체를 가진 사람과 이야기를 해야 하오. 그들을 절대로 믿어서는 안되오. 그들을 믿으면 당신은 산 채로 폐인이 되고 맙니다."

내성적이고 고독한 가이찌였다. 악령의 달콤한 이야기에 걸려 들어서 자기의 마음을 그들에게 팔고 있는 것이었다.

그들 악령에게는 자비도 사랑도 없다. 자기 자신의 이익밖에 생각하지 않는 것이 악령이기 때문이다.

그러나 악령을 불러 내는 것은 다름아닌 가이찌 자신이며, 일그러진 마음인 것이었다. 그러니까 거기에서 빠져 나오려면 자기 자신이 속으로 그리는 것, 생각하는 것을 우선 옳게 바로 잡지 않으면 안된다.

"가이찌씨, 조금 전에 당신과 이야기를 나눈 자는 자살한 사나이인 거요. 당신을 자기 짝패로 끌어 들이려고 악착같이 따라붙고 있는 게요. 만일 내가 하는 이야기에 의문이 있다면 다시 한번 마음 속으로 물어보라구요."

그러자 그는 눈을 아래로 내려 깔고 혼자 마음 속으로 묻고 있는듯 했다.

"사찌오군, 자네는 자살해서 지옥에 떨어져 있는가? 사실을 이야기해 주게. 사찌오군, 사실을 말해 주게."

가이찌는 사찌오라고 하는 조금 전에 나타났었던 지옥의 친구에게 열심히 말을 건네고 있었다.

여기서 밝혀 둘 것은, 나에게는 가이찌가 소리를 내지 않아도, 그가 마음 속에서 무슨 이야기를 하고 있는지 알 수가 있는 것이다. 그는 마음 속으로 몇 번이고 되풀이 하여 사찌오라는 사신(死神)에게 이야기를 걸고 있었던 것이다.

가이찌 자신이 이미 이렇게 되기 전부터 인간사회에서 도피하고 싶다는 생각을 자주 해왔던 터였다.

악령은 가이찌의 마음 속에서 이렇게 이야기했다.

"나는 정말 자살을 했다. 여기는 분명히 지옥이다. 어두컴컴하고 음침한 곳이야. 너도 이리로 오지 않겠느냐? 좋은 친구들도 있단다."

나는 조금도 여유를 주지 않고,

"이봐, 가이찌 틀림이 없지. 자네는 절대로 저승의 악령이 하는 이야기를 믿어서는 안되고 이야기도 절대로 나누어서는 안되네."

하고 말하자 가이찌는 비로소 고개를 끄덕였다. 그리고는 머리를 꾸벅해 보이는 것이었다.

사신(死神)을 불러 들이다

사람의 마음이란 아주 이상한 것이어서, 마음이 집착해 이리저리 흔들리고 부조화를 이루게 되면, 막바로 지옥과 통하고, 반대로 사람들을 위해 봉사해야겠다는 마음이 싹터서 자비와 사랑의 마음이 가득차게 되면 광명의 천국과 통한다는, 말하자면 아주 자유스러운 마음을 갖고 있는 것이다.

진짜 자유스러운 마음이라고 하는 것은 아무 것에도 구애

되는게 없는 밝은 마음인 것이며, 그렇게 되면 지옥의 세계도 천국의 마음도 분명하게 이해할 수가 있는 것이다. 그렇게 되려면 항상 제3의 입장에 서서 거짓말을 할 수 없는 진실한 마음으로 매일 매일의 생활을 해야만 한다.

가이찌는 어린 두 자식을 데리고 나의 방에서 나갔다.

히로꼬는 남편과 두 자식을 지켜보면서, 마음의 작용이 한번 잘못되면 터무니없는 결과가 온다는 사실을 믿지 않을 수 없었다.

"부인, 정신을 바싹 차리지 않으면 안됩니다. 자신의 마음과 생활을 정도에 바탕을 두어야 합니다. 미안한 이야기입니다만 주인어른은 지금 매우 위험한 상태에 놓여 있습니다. 제가 이야기하는 정도를 이해하려면 아직 많은 시간이 필요합니다. 부인만이라도 분명하게 그것을 깨닫고 실행해 주셔야겠습니다."

"네, 어떻게든 노력을 해 보겠습니다."

히로꼬에게도 악령이 따라 붙고 있었지만, 지금은 그렇지가 않았다.

히로꼬는 남편이 매우 위험하다는 말에 걱정이 되어,

"남편은 어떻게 되겠습니까?"

하고 나에게 물었다.

"그것은 말씀입니다. 아주 분명히 말씀드리지요. 자살한다는 것입니다. 그것도 가족들을 함께 죽게 만들 위험이 있는 것입니다."

히로꼬는 소스라치게 놀라면서 나의 얼굴을 지켜보았다.

"어떻게 하면 좋죠? 정말 난처하군요."

"우선 큰 아이를 친정댁에 맡기십시오. 가스는 원선(原線)을 완전히 잠거 놓고 주무셔야 합니다. 칼 종류, 끈 등 흉기가 될 만한 것은 전부 주인어른이 찾아 낼 수 없도록 숨겨 놓고 주무십시오. 주인에게는 큰 아이는 친정에 맡기고 저는 당신의 병간호에 전념을 하겠노라고 이야기하세요."

"어떻게 좀 구해 주실 수 없으실까요? 좋은 방법이 없을까요?"

"방법은 있습니다. 주인어른의 부모님과 당신의 부모님들의 협력으로, 남편의 마음 속에 만들어져 있는 불신감, 원망하는 마음, 초조해하는 생각을 없애 주는 것입니다. 마음 속에 도사리고 있는 일체의 집착을 풀어 없애는 수밖에 다른 방법은 없습니다."

"시부모님들은 아들이 병들게 된 것은 며느리 탓이라면서 저하고는 이야기도 하려고 하지를 않습니다. 정말 난처합니다."

"어쨌든 대화를 나누는 일 외에는 없습니다. 책임을 남에게 미루고 있을 때가 아닙니다. 이대로 두면 반드시 자살하고 말 것입니다. 그런 눈치가 보이거든 곧 입원시키는 수밖에 없을 것입니다. 마음이 안정이 되면 제정신이 되돌아올 테니까요."

경계는 충분히 해 두는 게 좋으리라고 생각하여 굳이 가이찌를 입원시킬 것을 권유해 보았다.

그로부터 4개월 가까운 세월이 흘렀다.

가이찌는 힘없이 히로꼬에게 이렇게 호소하는 것이었다.

"히로꼬, 함께 죽어다오. 아이들도 데리고 갑시다. 나는 살아갈 수 있는 자신을 잃었소. 이제는 지칠대로 지쳤소. 제발 함께 죽어 주오. 이렇게 부탁이오."

드디어 올 것이 온 것이었다.

가이찌는 가스의 꼭지를 틀어 놓고 있었다. 그는 자리에 힘없이 눕더니 두 눈을 감았다.

"이봐요, 무슨 소리를 하는 거예요? 어린애들까지 함께 데리고 갈 수는 없어요. 당신이 그런 생각을 하면 정말 난처합니다. 어떤 괴로움이 있더라도 아이들을 위해서 살아 주세요. 제가 일하겠어요. 당신의 병이 완쾌될 때까지 제가 돈을 벌겠어요."

히로꼬는 떨어지는 눈물을 씻으려고 하지 않고, 어린아이를 품 안에 꼭 부둥켜 안고 곧 친정에 연락을 하고 구급차를 불렀다.

가스 전(銓)은 이런 경우에 미리 대비해서 원선(原線)이 잠겨져 있었기 때문에 가이찌가 아무리 꼭지를 틀어도 가스는 흘러 나오지 않았다. 그러나 가이찌는 그런 사실을 모른다. 이윽고 가스가 방 안에 가득차서 구급차가 달려올 때까지는 집안 식구는 모조리 죽으리라고 그는 생각했던 것이다.

히로꼬의 부모와 구급차가 달려 왔다. 가이찌는 구급차에 실려 정신병원으로 직행했다.

집에 남은 히로꼬는 겨우 마음을 놓았다. 만일의 경우에 대비해서 평소부터 집안 식구가 모조리 죽지 않도록 신경을 쓴 때문에 위기를 넘긴 것이었다.

만일 4개월 전에 자살하게 되리라는 것을 믿지 않고 지냈더라면 히로꼬 자신의 마음도 생활에 의욕을 잃고 남편의 말을 따라서 집안 식구들이 모조리 집단자살을 했을지도 모를 일이었다.

마음을 놓은 것도 잠시였다.

그로부터 1주일 뒤였다. 경찰에서 전화가 걸려 왔다. 무슨 일인가 수화기를 들어 이야기를 듣자, 그녀는 더 이상 그 자리에 서 있을 수 없는 충격을 받았다.

가이찌는 집에 볼 일이 있다고 병원에서 빠져 나오자, 자기 아버지가 근무하고 있는 대학 근처의 역 부근에서 철도자살을 했다는 것이었다.

가이찌의 시체를 인수받으러 히로꼬는 현장으로 급히 달려갔다.

교육자인 시부모도 왔는데, 무참하게 죽은 아들의 시체를 보고도 시체를 처리하는데 거들어 주려고도 하지 않을 뿐 아니라 마치 남의 일 보듯이 그저 바라보고만 있었다고 한다.

이런 냉혹한 부모 밑에서 자란 가이찌는 불행한 젊은이였다. 그러나 이러한 환경을 비관해 짧은 인생을 끝내지 않을 수 없었던 가이찌의 마음가짐에도 커다란 문제가 있었던 것이었다.

결국은 그 부모에 그 자식이라고 하겠지만, 자기 마음을 상실한 생활의 종착역은 보기에도 끔찍한 결말밖에 남겨져 있지 않나 한다.

가이찌는 끝내 죽음의 신에게 붙잡혀 간 것이었다.

제 5 장
잘못된 조상공양이 빚는 공포

신을 건드리면 재앙이 온다

과학만능의 시대라고는 하지만 우리의 마음을 지탱하기 위하여 아직도 신불(神佛)의 신앙은 일상생활 속에 살아 있다. 특히 불교에 있어 조상을 공양하는 의식은 아침 저녁의 행사로서 우리 생활 속에 스며 들었다고 할 수 있겠다.

종파에 따라 형태는 달라도 공양하는 마음은 변하지 않은 것 같다. 신도(神道)는 '축사(祝詞)'를 신전(神前)에 올리고 예배한다.

신사(神社)나 절, 교회에 가는 사람이야말로 신앙심이 깊은 사람들이다. 하지만 신앙심이 깊은 사람들도 대다수는 결코 신불(神佛)의 목소리나 모습을 듣거나 보는 게 아니라, 그저 좋은 습관을 키워 가는 것이 신앙생활이라고 생각하고 있는 듯하다.

사람들은 누구나 행복한 인생을 보내기를 원하고, 신앙은 그러기 위하여 있는 것으로 생각하고 있는 사람들이 많은 것 같다.

또한 절이나 교회에서 중이나 목사의 설명을 듣고, 마음의 양식으로 삼고 생활하고 있는 신자들도 있다. 그 가운데에는 엄격한 수행을 참고 견디어 내어 신들의 목소리를 듣고 중생을 제도하려고 나선 고승(高僧)들도 있다. 또한 많은 신자들의 고뇌를 덜어주는 지도자들도 있다.

우리의 주위를 살펴보면, 이와 같은 신앙의 갖가지 모습이 헤아릴 수 없이 많이 있다.

그렇지만, 올바른 신앙이 어떤 것인지 알지 못한채 그 어려운 인생경험을 쌓고 있는 사람들이 의외로 많은 것이 아닐까? 이를테면 신자가 됨으로써 마음에 족쇄를 채우고 신불(神佛)의 심판이나 벌을 두려워 하여 종교 지도자의 노예가 되고 있는 것은 아닐까?

이런 경우 신자들도 무지하지만, 종교지도자 또한 무지하다고 말할 수 있다. 왜냐하면 종교 지도자가 고의로 그러한 일을 강요하고 있었다고 하더라도, 마침내 신자의 고뇌가 지도자 자신에게로 되돌아 오게 되어 있으니 말이다.

참된 법을 안다면, 고의로 저지른 죄가 어떤 것인가를 알 수 있으며, 다른 사람들에게 그것을 요구할 수 없게 될 것이다. 그런 뜻에서 종교 지도자가 잘못된 방향으로 갔을 경우의 결과는 무섭기 그지없는 것이다.

그 이유는 지도자란 신자들의 선의를 바탕으로 삼아 그 위에 서야 하는데 못된 지도자는 선의를 깔아 뭉개는 위험성이 있기 때문이다. 따라서 잘못된 지도자야말로 구원받기 어려워지며, 보통 사람의 죄보다 한층 더 깊은 죄에 빠지고 만다.

신의 섭리는 하나이며, 지도자에게도 신자들에게도 올바른 마음과 올바른 행동의 지침에 따르는 생활 외에는 섭리에 접하는 길이 달리 없다.

또한 그 안에서 너그러운 마음과 평안이 깃든 생활이 생기며, 진실한 사람으로 거듭난다는 것이다.

신은 부유한가, 가난한가, 하는 것으로 그 사람을 차별하거나 지위나 명예로 인간의 가치를 재는 일은 하지 않는다.

어떻게 하여 하느님의 아들이라는 자각을 갖게 하며, 올바른 중용(中庸)의 마음을 생활 속에 살리는가, 또 온갖 생물과 물체가 서로간의 조화를 꾀하며 후회 없는 인생을 보내느냐 하는 것이 중요하다. 신앙심과 신앙이 여기에서 비로소 하나가 되는 것이다.

항간에는 신이라고 자칭하는 갖가지 신(?)들이 있어, 각자 신자들을 모으고 있다. 하지만 신은 인간 사회에 결코 곧바로 나타나는 게 아니다. 이와 같은 그릇된 신앙때문에 행복을 구하면서도 불행 속에 빠지고 있는 사람이 매우 많다는 것을 알 수 있다.

'신은 건드리지 않으면 재앙을 내리지 않는다.'

흔히 우리의 오관(五官)으로 느낄 수 없는 세계이기 때문에 이 격언은 지금도 살아 있다고 할 수 있을 것이다.

오 봉

오봉(일본의 명절. 음력 7월 15일로 제사를 지낸다. 한국의 추석명절과 비슷함)은 우리 생활 가운데에서는 즐거운 행사의 하나가 되어 있다.

옛부터 전해 내려오는 말에 의하면 오봉이 되면 세상을 떠난 조상이 집으로 돌아온다는 것이다. 그러기 때문에 우리는 오봉 무렵이 되면 고향으로 돌아가, 평상시에 만나지 못하던 친척들, 친구들과 즐거운 한때를 보내는 것이다. 이 세상을 떠난 조상에게 제물을 차려올리고, 망령 앞에서 친척들이 이야기를 나누는 즐거움도 오봉에선 빼 놓을 수 없는 즐거움이다. 그리고 오봉놀이·등불행렬·불꽃놀이 등 갖가지 행사가 이 시기에 일제히 있기 때문에 연중행사 중에서도 가장 두드러진 축제일이 되는 것 같다.

그렇다면, 이와 같은 축일에 정말로 이 세상을 떠난 조상이 돌아오는 것인지 대다수의 사람들은 의문을 품고 있을 것이다. 오히려 인간은 한번 죽으면 그만이지 두번씩이나 죽는 일은 없으며, 죽으면 아무 것도 남는 것이 없다고 생각하는 것이 일반적인 경향이 아닐까?

오봉의 행사는 이를테면, 지금까지의 오랜 생활습관이며, 생활에 쫓기어 만날 수 없는 부모형제, 친구들이 모여서 서로의 고생을 위로하고, 이야기 꽃을 피우는 일이 보다 중요한 행사로 된 것 같다.

그런데 이쪽에서 부르면 조상의 영이 실제로 그 집에 온다고 말한다면, 독자 여러분은 뭐라고 대답할 것인가?

1973년 음력 7월 29일의 일이었다.

나는 회사의 일로 신슈우(信州)에 있는 공장에 갔었다. 컴퓨터 부속품과 카세트의 양산(量産)이 나의 사업이기도 하다. 종업원들은 바쁘게 일하고 있었고, 작업장에는 활기가 넘쳐 흘렀다.

오봉 휴가도 끝나고, 종업원들의 기분도 이제는 작업에만 열중하게 되어 있었다. 내가 플라스틱 공장에 다달았을 때 늘 열심히 일하고 있던 종업원중 한 사람인 다까바야시 하쓰요 부인(38세)의 건강한 모습이 보이지 않았다. 나는 공장장에게,

"하쓰요 여사는 결근입니까?"

하고 물어보았다. 그러자,

"하쓰요 여사는 벌써 두 주일 동안이나 쉬고 있습니다."

이렇게 대답하는 것이었다.

"어찌 된 일이죠?"

나는 거듭 물어보았다.

"허리를 펼 수 없는 모양입니다. 이렇게 바쁜데 정말 난처합니다."

나는 이상하게 생각했다. 힘든 작업도 아닌데, 허리를 펼 수 없다는 것은 납득이 가지 않는 일이었다.

공장장은 나의 얼굴을 보면서,

"허리를 다치게 할 만한 작업은 한 가지도 시킨 일이 없습니다. 무거운 철형(鐵型)을 장치하고 해체할 때도 케이블 트럭을 사용하므로 별로 원인이 될만한 일은 없습니다."

하고 고개를 갸우뚱했다.

"그렇다면 잠깐 문병을 다녀 올테니 잘 부탁합니다."

나는 공장문을 나섰다.

그녀의 집은 농가였지만, 시골 냄새는 찾을 길이 없고, 도시의 상당한 부잣집과 같은 생활을 갖추고 있었다. 토지 붐을 타고 꽤 돈을 벌었던 모양이다. 나는 문에서 말을 걸었다.

"안에 누구 계십니까?"

집안에서는 대답이 없었다. 정면에 보이는 현관으로 가 보았다. 남쪽으로 난 마루에는 햇빛이 가득차 있었고, 문이 열려 있었다. 마당에는 모란이 갖가지 꽃을 피워 마당을 아름답게 꾸미고 있었다.

"안녕하십니까?"

나의 목소리가 집안까지 들린 모양이었다. 히쓰요는 누운 채로, 네 하고 대답하고는 일어나려고 했으나, 몸이 말을 듣지 않는듯 했다. 그녀는 툇마루에 잇달아 있는 방에 누워 있었다.

실례라고는 생각했으나, 나는 마당으로 들어가,

"제발 그대로 누워 계십시요. 그런데 건강상태가 어떻습니까?"

이렇게 말을 붙이며 툇마루에 걸터 앉았다.

"바쁠때 회사를 쉬게 되어 죄송합니다. 어쩐 일인지 몸이 말을 듣지 않습니다."

그녀는 괴로운 듯이 말했다.

"하쓰요 여사, 무리하지 말고 푹 쉬십시요. 일에 대해선 조금도 걱정할 필요가 없어요. 하루 속히 건강을 회복해서 다시 건강한 몸이 되어야 합니다."

이렇게 말하면서 하쓰요의 몸을 유심히 보고 있으려니까, 누워 있는 것은 그녀가 틀림없으나, 전의 그녀와는 달랐다.

나는 정말 이상한 일도 있다고 생각하면서 눈을 부비며, 다시 한번 확인을 해 보았다.

그런데 이게 웬일일까? 누워 있는 것은 하쓰요가 아니라, 82,3세 가량된 듯한 텁석부리 수염을 기른 노인으로 작업복을 입은채, 이쪽을 보고 있는게 아닌가.

나는 몇번이고 확인을 했다. 역시 틀림없었다. 하지만 허리가 아프다고 괴로워하는 목소리는 틀림없이 하쓰요였다.

"하쓰요 여사, 기분이 어떻소?……"

"허리가 아파서 꼼짝도 할 수 없습니다. 대접도 못해 드리고 정말 죄송합니다."

말을 하는 것도 힘이 드는 것 같았다.

하쓰요는 악령에게 빙의되어 있었다. 그녀와 노인은 이중으로 비쳐 보였다. 허리가 아픈 것은 분명히 이 악령인 노인 탓이었다.

나는 그런 눈치는 보이지 않고 말을 계속했다.

"하쓰요 여사, 잠깐 물어볼 말이 있는데 언제부터 아프기 시작했나요?"

"예, 분명히 음력 7월 13일 밤이었다고 생각됩니다. 오봉의 영혼맞이 불을 피우고 난 뒤, 어쩐 일인지 감기가 든 것처럼 몸이 으시시 추워서 그날 밤 감기약을 먹고 밤 열 두시쯤 잤습니다. 허리가 아픈 것은 그 무렵이었다고 생각됩니다."

"그날 밤은 아무 데도 아프지 않았었군요."

"예, 아무 데도 아프지 않고, 다만 오슬오슬 추웠습니다. 하지만 그러고 보니 발에서 허리에 걸쳐 몹씨 오싹했었습니다. 밖의 온도는 28도나 되는 더운 날씨인데, 정말 이상했어요. 영혼맞이 불을 피우기 전까지는 별로 이상하지 않았습니다."

"그렇습니까? 조상의 영혼을 맞이하는 불을 피울때, 이 고장에서는 어떻게 합니까?"

"금년의 오봉은 첫 오봉입니다. 돌아가신 숙부에게 있어서는 처음 겪는 오봉이므로 불단(佛壇)도 값진 제등(提燈)으로 장식했습니다. 특히 숙부님이 살아 계실때, 헌 집을 부수고 새로 지었으나 완공된 것을 보지 못한채, 이 세상을 떠나고 마셨습니다. 그래서 저는 숙부님 덕분에 이런 훌륭한 집에서 살게 되었습니다. 부디 푹 쉬고 가십시오, 하고 진심으로 빌었던 것입니다."

하쓰요는 틀림없이 이 세상을 떠난 그녀의 숙부를 불러들인 것이었다. 그런데 왜 하쓰요의 육체에 빙의된 것일까? 오봉이 끝났는데도 저승으로 돌아가지 않는다는 것은 도대체 어찌된 까닭일까? 하고 나는 이상하게 생각했다.

악령은 이러는 동안에도, 하쓰요의 등에서부터 허리에 걸쳐 하쓰요와 함께 누워 있는 것이었다.

"하쓰요 여사, 13일 밤에는 잘 잤습니까?"

"글쎄요. 밤새 꿈만 꾼것 같아서 푹 잔것 같지 않군요."

"어떤 꿈을 꾸었는지 생각이 난다면 들려 주십시오."

"예, 똑똑히 기억하고 있습니다. 작년에 돌아가신 수염이 텁수룩한 숙부님이 너덜너덜한 작업복을 입고, 새로 지은 집 복도에서 괴로운 듯이 누워 계셨습니다. 흙투성이어서 깨끗한 복도를 더럽혀서는 안되겠다고 여기고, 장농 속에 있는 숙부님의 옷을 꺼내 갈아 입혀 드리려고 생각했습니다. 그런데 숙부님은 창백한 얼굴이 되어, 말도 하시지 못했습니다. 저는 숙부님의 작업복을 갈아 입힌 뒤, 숙부님을 등에 업고 집안으로 모셔다 눕혀 드렸습니다. 정말 불쌍했습니다. 살아 계셨을 때 잘 해드리지 못해서 꿈에 보였었나 봅니다."

하쓰요는 독백처럼 말을 이어 나갔다.

생전에 이 숙부는 마을의 유지였고 남의 일을 잘 봐준 것 같았다. 원래 면장을 지냈었으므로 완고하고 개성이 강한 사람이었다. 노후는 고독하였고, 젊은 세대를 이해하지 못했던 것 같다.

대를 잇도록 양자를 두었는데, 양자라서 그런지 아들 부부와는 대화도 적었다. 젊은 부부는 양부와 따로 살았기 때문에 한창 나이 때의 화려했던 생활과는 달리 늙으막의 생활은 외로움의 연속이었던 모양이다.

신축중인 집이 완성되기 전에 이 세상을 떠났으므로, 장례식도 가매장으로 하고, 간단히 마친 모양이었다.

죽은 사람은 말이 없다. 이를테면 무언(無言)인 것이다. 하지만 죽은 사람에게 있어서는 죽음이란 역시 엄숙한 사실이며, 차원이 다른 세계로 여행을 떠나는 셈이니까, 사람에 따라서는 큰 일인 것이다. 그럼에도 불구하고 뒤에 남은 사람들은 죽은 사람이 말이 없으므로 이 엄숙한 여행길을 자칫 소홀히 하기 쉽다.

대체로, 죽음이란 무서운 것이며, 따라서 죽고 싶지 않다는 집착심이 강하다. 특히 토지나 재산을 가진 사람은 미련이 많다. 이 미련이 마음의 무겁고 거친 파동이 되어서 이미 이 세상을 떠난 악령들을 불러 들여 죽은 자기 자신의 영은 말할 것도 없고 지상계에까지 그 파동이 전해 오는 것이다.

장례식이나 장례식이 끝난 뒤의 사고나 집안 싸움의 원인은, 이들 악령의 파동이나 빙의에 의한 것이다. 만약 뒤에 남은 사람들의 마음이 조화되어 있다면 죽은 사람에게 강한 집착심이 있더라도 그 어두운 파동을 피할 수 있는 것이다. 하지만, 조화를 잃고 있을 경우에는 이 어두운 파동을 진지하게 받아들여서 평상시의 미움이나 분노를 죽은 사람 앞에서 한꺼번에 내 뿜는 형태가 되고 만다.

죽은 사람에게 있어서는, 육친이나 아는 사람들과의 의사교환이 불가능할 뿐만 아니라 지옥의 영들이 몰려와서 죽은 사람을 공포의 수렁 속에 빠뜨리고 마는 것이므로, 생전에 지옥의 영들이 몰려와서 죽은 사람을 공포의 수렁 속에 빠뜨리고 마는 것이므로, 생전에 마음의 조화를 이루지 못한 상태로 지내다 죽은 이의 영은, 이를테면 180도로 생활환경이 바뀌고 만다.

다시 말해서 이 세상에서는 설령 마음이 괴로와도 약을 쓰거나 환경을 변화시킴으로써 그 집착심에 자연스럽게 떠나, 구원을 받을 수 있는 길이 있겠으나, 저승은 마음이 그대로 환경을 만들고 그 환경이 그대로 생활의 터전이 되므로 이승에서와 같은 구원은 결코 없다.

그러기 때문에 집착심이 유난히 강하고 조화되지 못한 생활을 한 사람의 죽음은, 이쪽에서 생각하는 것처럼 안이한 것이 아니라 심한 고행을 하기 위한 여행길인만큼 유족들이 죽은 사람을 공양하는 일이 큰 문제가 된다.

또한 마음의 법칙은 물리적인 법칙이기도 하다. 우리가 타고 있는 자동차나 전차가 급브레이크를 걸면, 우리는 가던 방향으로 쓰러지고 만다.

이승에서 저승으로 여행을 떠나는 경우에도 이와 같은 현상이 일어난다. 죽음은 브레이크여서, 그때의 혼란을 결코 피할 수 없게 된다.

많은 스님들이 장례식에 참석할 경우, 육체적으로나 정신적으로 조화를 잃은 상태에 빠지기 쉽다. 이런 일들은 그와 같은 영들의 소행이라고 해도 과언이 아니다.

장례식에는 으레 불경을 외우게 마련이고 또한 기독교인 경우에는 성경을 읽게 마련이다. 하지만 불경이나 성경의 뜻을 알 만한 사람이라면 지옥에 떨어지거나 죽음으로 인한 망집(忘執) 같은 것은 일어나지 않는다.

앞서 말한 관성의 법칙은, 마음의 상태를 말하는 것이며 생전에 노여움에 불타고 있던 사람은, 죽고 나서도 노여움으로 마음이 불타고 있다. 노여움으로 불타고 있으므로 노여움의 소용돌이 속에 자기의 영체(靈體)를 놓고 만다. 이승에서는 마음 속에 분노가 타고 있어도, 분노를 드러내 놓지 않는 사람들도 있으므로 노여워하는 마음을 속일 수 있다.

속이면서 기분을 전환한다는 구원의 길이 있다. 하지만 저승은 끼리끼리 모이는 그대로의 세계이므로, 도저히 속임수가 통하지 않고, 본인에게 있어서는 생활이 180도 완전히 바뀌는 셈이 된다.

하쓰요의 숙부의 경우도 생시에는 춘분·추분이나, 오봉

같은 때에 스님을 부른 일이 있었을 것이다. 아마 형식적인 행사로 끝나고 말았으리라고 생각된다.

또한 죽은 사람에게는 말이 없다, 죽으면 모든 게 끝난다고 생각했을 게 틀림없다. 하지만 실제로 자기의 차례가 되자, 죽음으로 모든 것이 끝난 게 아니라 괴로움 속에서의 생활이 시작된 것이므로 오봉의 부름에 힘입어 지옥계에서 지상의 자기 집으로 되돌아 와 하쓰요를 의지하고 붙은 것이었다.

하쓰요는 생각이 난 듯이,

"7월 1일, 우리들은 숙부의 무덤에서 잡초를 뽑아 말끔하게 하고, '숙부님 조금만 있으면 오봉이 돌아옵니다. 오봉에는 꼭 오십시오', 하고 마음 속으로 바랐습니다."

하고 말하는 것이었다.

일본 사람의 대부분은 죽으면 그만이라고 생각하지만, 한편으로는 절이나 무덤, 불단(佛壇)에 죽은 사람들이 있다고도 생각한다. 죽은 조상들도 그 습관에 따라서 죽은 뒤, 그런 장소를 살집으로 만들고 만다.

다시 말해서 저승의 지옥계와 지상과의 접선 장소로서 이와 같은 곳을 마련하게 되는 것이다. 매우 슬픈 일이 아닐 수 없다.

죽은 사람이 허리에 빙의되다

나는 하쓰요에게 질문을 했다.

"하쓰요씨, 당신은 오봉에 숙부님이 정말 오셨다고 생각합니까?"

"글쎄요, 모르겠습니다. 저는 잘 모르겠지만, 옛부터 그렇게 전해 내려오는 말이 있어서요……."

나는 여기서 사실대로 말해 주었다.

"당신이 불렀을때 그 숙부님은 정말 오신 겁니다."

"설마…… 그것이 사실일까요?"

그녀는 눈을 동그랗게 뜨고 이렇게 되물었다.

"그렇다면 하쓰요 여사! 14~5일 무렵의 건강상태는 어땠습니까?"

"애들과 친척들이 와서 바빠서 혼났습니다. 하지만 하룻밤 자고 나도 오슬오슬 추운 기분이 가시지 않았습니다. 16일 밤에는 영혼을 보내는 의식이 있습니다. 그런 뒤로, 오봉 준비로 인한 피로가 몰린 건지, 너무 과로한 탓인지 허리를 펼 수 없게 되었습니다."

"영혼을 보내는 의식을 치룬 다음에 피로가 몰려온 겁니까?"

"그렇습니다. 날마다 의사가 와서 진통제를 놔 주셨지만, 곧 다시 아파옵니다. 침이 좋다는 말을 듣고 침도 맞으러 다녔고, 뜸이 좋다고 이웃에서 말하므로 뜸도 떠보았습니다."

"의사는 뭐라고 말하던가요?"

"심한 신경통이라고 말했습니다. 저는 이렇게 아파보기는 생전 처음입니다. 정말 괴롭습니다."

이렇게 이야기를 하고 있는 동안에도 숙부는 여전히 떠나려고 하지 않고 하쓰요의 등과 허리에 붙어 있었다.

나는 이렇게 말했다.

"하쓰요 여사, 놀라지 마십시오. 당신의 허리께에 숙부가 매달려 있는 겁니다. 16일에 영혼을 보낸 줄 아셨겠지만 아직 돌아가시지 않고 있습니다."

"그런 일이……. 그런 무시무시한 말씀은 하시지 마십시요."

"정말입니다. 당신 뒤에 틀림없이 죽은 숙부님이 계십니다. 그것도 수염을 텁수룩하게 기르고 작업복을 입은 채로 말이오……."

"이를 어쩌면 좋죠? 아이 무서워, 무서워요."

"당신은 무서워해선 안됩니다. 마음을 평안히 가지세요. 절대로 무섭지 않으니까요. 당신은 자신이 생각한 일, 즉 행동한 일 중에서 특히 남을 원망하거나, 시기하거나, 헐뜯거나, 화를 냈거나, 한 일들을 한 가지 한 가지 생각해 보고 반성해 보십시오. 잘못된 일이 있을 경우에는, 진정으로 하느님께 용서를 빌고 그 죄를 용서받아야만 합니다. 특히 시집온 다음부터 있었던 일을 말입니다."

나는, '잠깐 올라가겠습니다' 하고는 그녀가 누워 있는 근처에까지 가서, 허리에 빙의되어 있는 숙부에게 소리내어 크게 타일렀다.

"숙부님, 하쓰요 여사에게 빙의되면 하쓰요 여사가 불쌍합니다. 몸이 말을 안 듣고 괴로워하고 있어요. 당신은 이 사람에게서 떠나셔야 합니다."

지쳐 있는 하쓰요의 숙부는 말을 하지 못하고 잠자코 내가 있는 곳을 보고 있었다.

나는 진심으로 하느님께 기도를 드리고 수호령의 힘을 빌어서 숙부의 영에게,

"당신은 하쓰요 여사에게서 떠나십시오."

이렇게 거듭 강력하게 말했다. 그리고는 에너지를 보냈다.

숙부는 하쓰요에게 매달린 채 숨을 헐떡이며 간신이,

"난 갈 곳이 없어. 여기 있게 해줘, 여기 있게 해줘, 이렇게 말야."

하고, 하쓰요의 등에 얼굴을 묻고 떠나지 않으려고 필사적이었다.

그래서 나는 살아 있는 사람에게 말하듯이 말을 계속했다.

"어째서 당신은 갈 곳이 없습니까?"

"난 오봉이 돌아오기를 손꼽아 기다렸단 말야. 나를 불러줄 거라고 생각하고 말이지. 무덤 속 같은 구덩이 속은 추워서 도저히 못참겠어. 이래서야, 내 몸이 말이 아니거든. 나를 살려 줘."

숙부는 눈물을 흘리고 있었다.

"숙부님, 당신은 이미 돌아가신 겁니다. 부모님께서 받은 육체는 이미 없어진 겁니다."

"난 죽지 않았어. 이렇게 살아 있잖아. 그런 곳에 누워 있다간 내 몸이 견디지 못한단 말야. 게다가 꼴보기 싫은 놈들이 와서, 나를 귀찮게 굴잖아. 도저히 참을 수가 없으니까 그렇지. 난 그런 곳엔 가고 싶지 않아. 절에 가 보면, 절에는 옛날 사람들이 있어서 나를 들여 보내지도 않지. 그러니 제발 부탁이야, 여기 있게 해줘, 부탁이야, 부탁……."

숙부의 마음을 모르는 바는 아니었으나 차원이 다른 사람들, 그것도 이와 같은 악령이 세상에 나온다면 어떻게 된단 말인가? 하쓰요 뿐만 아니라, 병자가 연달아 생기고, 땅 위는 더욱 혼란에 빠지고 만다. 영에게는 영의 세계가 분명히 있는 것이다.

"갈 길을 못 가고 방황하는 영이여! 당신은 생전에 자기의 입장만을 생각하는 대신 진심으로 남을 위하여 애쓴 일이 있습니까? 남에게 해준 일이라고는 남에게서 혜택을 받는다는 경우였을 뿐, 자기의 보신만을 생각했었습니다. 그나 그뿐입니까? 조상 대대로 물려받은 토지와 재산에 대해서도 집착을 갖고 있습니다. 이미 당신에게는 그런 건 필요없고, 그런 것이 아무 소용도 되지 않는 게 아니겠습니까? 당신도 스스로에게는 거짓말을 말할 수 없는 마음을 가졌을 게 아닙니까? 거짓말을 할 수 없는 마음이야말로 하느님의 아들이라는 증거입니다. 그 거짓말을 할 수 없는 마음으로, 당신이 생전에 생각했던 일, 행동했던 일 하나 하나를 되돌아 보고, 잘못한 게 있었거든 하느님께 사과를 드리시오."

"조카 며느리에게 돌봐 달라는 게 뭐가 나쁘다는 거야? 난 괴로워 못견디겠단 말야."

악령은 자기의 일만을 생각한다. 남을 살린다는 생각 따위는 염두에도 없는 탓으로, 지옥계라는 고독한 세계로 빠지고 만다. 하쓰요의 괴로움 따위는, 이 사나이에겐 아무래도 좋은 것이었다.

"그대는 하느님의 아들이라는 것을 자각하시오. 지옥에 떨어질 때는, 떨어질 만한 까닭이 있는 것이요. 이 지상계의 사람들에게 빙의해 보았자, 진정한 안식은 얻을 수 없는 게요. 그대의 영은 병든 것이 아니라 그대가 자기 마음 속에서 병을 만들고 있는 거야. 자기의 몸은 아무래도 괜찮으니, 조카 며느리의 괴로움을 덜어 줘야겠다는 생각은 어째서 하지 않는 거요? 자기 몸을 돌보지 않고 떠나 보시오! 마음 속의 일체의 집착을 지금 이 자리에서 버리시오."

나는 기도를 드리고 에너지를 보냈다.

그토록 떨어지지 않겠다고 필사적으로 빙의되었던 악령은 하쓰요의 몸에서 서서히 떠나갔다.

숙부는 생시의 82년 동안의 인생에 대하여 반성하기 시작했던 것이다.

산 공양

저승의 영은 그것이 설령 악령이라고 할지라도 사물의 도리를 이해하기 시작하면 매우 빠른 속도로 마음이 정화되어 간다. 영의 세계에서는 의식의 90퍼센트가 표면에 나타나 있기 때문에 이렇게 빠른 것이다.

반대로 이 지상계는, 의식의 10퍼센트밖에 표면에 나타나 있지가 않으므로 여간해서 납득을 하려 하지 않는다. 설령 납득이 된다고 하더라도 육체라는 물리적인 물체를 지니고 생활하기 때문에 이해는 할 수 있어도, 실행을 할 단계에 이르면 주저하는 경우가 많다.

다시 말해서 육체 본위로 마음이 움직이고만다. 그곳에 육체를 지닌 인간으로서 함정이 있고, 그러므로 지상계를 말하여, 수행하는 곳이라는 연유도 된다.

이와 같은 방황하는 영에게 천 권의 경(經)을 읽어 올린들 아무 소용도 없는 것이다. 불경의 말뜻은 어렵고, 본인으로서는 이해할 수 없기 때문이다.

산 경문(經文)이란, 상대방이 들어서 이해할 수 있는 이야기로써 충분한 것이다. 올바른 마음과 이를 이행하는 도리만 알면 되는 것이다.

흔히 계명(戒命)을 죽은 사람에게 붙여 준다. 계명은 저승의 이름으로서 쓰이고 글자의 획수가 많을수록 좋다고 생각되고 있는 것 같으나, 계명 같은 건 아무 도움도 되지 않는다.

지옥계에는 생전에 대승정이라고 불리던 사람들이 많이 있다. 그들의 계명은 그야말로 훌륭한 것이었으리라. 많은 경문을 배우고, 무엇이나 알고 있었을 테지만, 역시 지옥에 있다.

이들은 생전에 육체생활에만 급급해 자기 자신의 일 외에는 생각하지 않았었다. 이와 같은 사람들의 무덤은 대개 훌륭하다. 절에 가면 유달리 큰 무덤을 보는 일이 많은데 물어보면, 그 절의 주지스님의 무덤이라고 한다. 무덤이 아무리 훌륭해도 그곳에서 산다면 이미 지옥인 것이다.

무덤의 모양을 보더라도, 이상한 모양을 한 것을 여러 곳에서 볼 수 있으나 무덤의 모양이 좋다, 나쁘다 하는 것으로 자손에게 영향을 끼치는 일이 있다면, 그것은 분명히 조상이 지옥에 떨어져 있다는 증거이다.

그들은 항상 무덤의 모양에 구애를 받고, 무덤의 흙이라도 떨어져 나가거나 한다면, '무덤을 소홀히 하다니! 어떻게 되려고 그래?' 하는 투로 화내기 시작할 것이다. 지옥의 영을 달래는 뜻에서는, 무덤의 모양도 무시할 수 없다고 말할수 있겠으나 조상을 공양하는 일이 이래가지고는 언제까지나 산 공양이 될 수 없다.

조상을 공양하는 것은 가정의 조화가 으뜸이며, 가정이 원만하면 지옥에 떨어진 영은 근접을 할 수 없다. 멀리서 이것을 바라다 보며 그 조화된 빛으로 자기가 왜 이 어둡고 괴로운 세계에 와 있는 것인지 반성할 재료가 되는 것이다. 무덤을 아무리 고쳐 보아도, 모양을 바꾸어 보아도, 이것으로는 조상의 영을 구제할 수 없다.

하쓰요는 잠을 자고 있는 것 같았다.

"하쓰요 여사, 하쓰요 여사!"

나는 그녀를 불렀다. 내가 숙부와 이야기를 하고 있는 동안에 어느덧 조용히 잠이 든 모양이었다.

"어머나, 그만 잠이 들었었나 봅니다. 정말 실례가 많았습니다."

하쓰요는 요 위에서 일어나 앉아서, 눈을 부비며 나에게 인사를 하는 것이었다.

"하쓰요 여사, 허리는 어떻습니까?"

"아, 저도 모르는 사이에 혼자 일어났네요. 이상도 하지, 정말 이상하네요. 아무 데도 아프지 않아요 어찌 된 일일까요?"

이렇게 말하며 일어서더니, 허리를 전후 좌우로 움직이고 있었다.

"정말 이상하네요. 이런 일이 있을 수 있을까요? 완전히 통증도 없어지고, 오슬오슬 추운 기운도 거짓말처럼 없어졌습니다."

나는 그녀의 얼굴을 올려다 보며, 가볍게 고개를 끄덕였다.

그녀는 요 위에 단정하게 앉더니, 나의 얼굴을 들여다보듯이 하며, 이렇게 말하는 것이었다.

"숙부님은 16일에 돌아가시지 않으셨나요? 뭔가 여우에게 홀린 것만 같습니다. 이런 이상한 일이 있을 수 있구먼요. 마치 마술에 걸린 것만 같습니다. 이 이야기를 다른 사람에게 말해도 아무도 믿어 주지 않을 겁니다. 하지만 저는 실제로 며칠 동안이나 고통을 받았고, 그것이 눈 깜짝할 사이에 나았으니까요. 믿지 말라고 해도 믿지 않을 수 없습니다."

그녀의 눈은 빛나고 있었다.

"진실로 이해한다는 건 정말 어려운 것입니다. 일반 사람들은 오관(五官)으로 판단하는 수밖에 없으며, 오관 이외의 것에 관해서는 납득이 되지 않기 때문입니다. 오관밖에 모른다는 것은 마음 속에 상념의 안개를 만들어 내고 있는 것이어서, 사물을 올바르게 볼 수 없게 되었기 때문입니다. 그런 탓으로 인생을 소경인 채로 보내고, 고뇌를 짊어진 채 이 세상을 떠나가는 것이지요."

하쓰요는 나의 말을 이해할 수 없는 것 같았다.

"상념의 안개란 어떤 것일까요?"

"신슈우의 하늘은 어떻습니까?"

"예, 구름이 없는 날은 파랗고, 밤에는 별이 반짝이며 매우 아름답습니다."

"그렇죠? 그리고 공기도 달콤하고요. 그렇다면 도쿄에 가신 일이 있습니까?"

"예, 아이가 도쿄에 있어서 자주 갑니다."

"도쿄의 하늘을 어떻게 생각하십니까?"

"공기가 피부에 닿는 감촉이 다르다고 생각됩니다."

시골에서 자란 탓인지, 도쿄의 하늘을 쳐다 볼 기회가 없었던 것 같다.

"도쿄는 자동차의 배기가스와 공장의 매연으로 완전히 더러워졌습니다. 어느 시인이 이런 말을 했습니다. 도쿄에는 하늘이 없다고. 인간이 물질문명의 노예가 되면 공해가 곳곳에서 발생하게 됩니다. 만족할 줄 모르고, 욕망대로 움직이게 되면, 대기는 오염되고 태양은 보이지 않게 되고, 더러워진 공기가 우리의 육체를 위협하게 되는 셈이다. 사람의 마음도 이와 마찬가지입니다. 태어났을 때의 아름다운 하느님의 마음, 그대로 살고 있으면 문제가 없으나, 오관이나 번뇌에게 지배를 받아, 욕망의 매연을 마음 속에 만들어 내고 맙니다. 다시 말해서, 마음이 비뚤어지고 맙니다. 자기의 상념과 행동에 대해 올바른 기준을 척도로 삼고, 반성하는 생활을 하고 있으면 마음은 더욱 더 하느님의 빛으로 가득차고 우리 인생의 목적인 낙원이나 지상천국이 만들어지는 것입니다."

"아, 그렇습니까?"

그녀는 알아들은 듯한 눈치였다. 그리고는,

"잠깐만 기다려 주십시오."

하고 말하더니 차 준비를 하러 방에서 나갔다.

이윽고 방으로 돌아온 그녀는,

"저는 부엌 일도 마음대로 할 수 있게 되었습니다. 기적이 제게 일어났다고 생각합니다. 정말 감사합니다."

이렇게 말하고, 나에게 차를 권했다.

지금의 하쓰요는 병이 완전히 나아서 마음도 몸도 가벼워졌고, 그 감격스러운 마음은 이루 표현할 수 없었을 터이지만, 그 감격스러운 마음이 언제까지 지속되느냐 하는 게 문제였다.

사람은 그날 그날의 생활을 통해 자칫 자기 자신의 욕망에 지고, 병이 회복된 감격을 잊고 마는 버릇을 가지고 있기 때문이다. '뒤 보러 갈 때와 끝났을 때는 다르다.'

사람은 처음에 품은 마음을 상황이 달라졌을 때는 흔히 잊어버리는 것이다.

"잠간 여쭈어 볼 말씀이 있습니다만, 시간이 있으신지요?"

그녀는 몸이 완전히 나았으므로, 마음에 여유가 생겨서 이렇게 질문을 했다.

"예, 좋습니다. 질문이 있으면 무엇이든지 하십시오."

"진정한 뜻의 오봉이란 어떤 것입니까? 가르쳐 주십시오."

오봉에 대해서 설명을 하게 되면 매우 길어진다. 나는 차를 한 모금 마시고, 가장 이해하기 쉽게 이야기를 하려면 어떻게 해야 좋을까 하고, 이야기의 줄거리를 생각해 보았다. 그러자 하쓰요는,

"번거로운 질문을 해서 죄송합니다. 제 몸을 고쳐 주신 것만 해도 감사드려야 할텐데. 아는 스님에게 그 일은 천천히 여쭈어 보겠습니다……."

이렇게 나를 어려워 하고 있었다. 나를 어려워 하는 마음속에는 내가 불교에 대해서 모른다고 생각하는 모양이었다. 그런 생각에서 이 질문을 취소하려고 하는 것이었다.

"아는 스님이라면 오봉행사에 여기저기 다니면서 어려운 경을 읽거나 하지는 않습니다."

나는 이렇게 말하고 오봉에 대해서 설명했다.

오봉의 참뜻

여기서 오봉을 아주 간단히 설명하기로 한다. 석가의 제자 중에 코리이타(나중의 大日蓮)라는 사람이 있었는데 그는 천안(天眼)이 열려 있어서, 그 천안으로 죽은 어머니를 보니 물을 찾고 있는 것이었다.

그래서 그는 어머니에게 물을 주려고 하였더니, 그 물은 불이 되고 말아 어머니에게 물을 마시게 할 수 없었다. 이상하게 생각한 그가 이 일을 석가에게 묻자 석가는,

"코리이타여! 그대의 어머니는 마하 바라문(대바라문종)

의 가계에 태어나 생활도 윤택한 환경이었다. 많은 중생들에게서 시주를 받았음에도 불구하고 만족할 줄 모르고 욕망대로 인생을 보냈던 것 같다. 그대의 어머니는 불지옥으로 떨어진 것이다. 어머니를 구하고 싶은 생각이 들면, 사람들에게 법을 가르치고, 어머니를 대신하여 많은 사람들에게 진심에서 울어나오는 시주를 해야 한다."

이렇게 가르쳤다. 코리이타는 부처의 말씀을 지키고 어머니를 위해 날자를 정하여, 많은 가난한 사람들에게 시주를 했던 것이다.

오봉의 유래는 이렇게 시작되었다.

그런데 오늘날의 우리의 생활습관 속에 들어온 오봉은 이것과는 많이 달라졌다. 우리의 육신의 조상을 공양하는 의식이 되고 말았다. 돌아가신 우리의 조상도 또한 이 의식을 체험하면서 살다가 이 세상을 떠난 것이다. 따라서 죽은 뒤에도 그와 같은 의식이 있으니까 오봉 때가 되면, 옛날에 살던 내 집을 찾아온다.

특히 유해가 안치되어 있는 절이나 무덤이 죽은 뒤에 자기가 살 곳이라고 생각하는 사람이 많으므로, 오봉의 행사는 그들에게 있어서는 즐거움의 하나가 된 것이다. 오봉 때가 아니고서는 지상계의 사람들이 사후의 자기들을 생각해 주지 않을 것이며, 생각해 주지 않으면 마음의 세계에서는 자손들과 접촉할 기회를 잃게 된다.

자손과 접촉할 기회는 자손들이 자기들을 생각해 주는 일이며, 또한 마음의 파장을 맞추는 것으로, 그 일을 쉽사리 이룰 수 있다는 가정을 하는 이유가 여기에 있는 것이다.

앞서도 말했듯이, 가령 자손이 조상을 생각해 준다 하더라도, 자손들의 마음이 조화되어 있으면 자손들에게 빙의될 수 없다. 마음의 파장이 다르기 때문이다. 이런 경우는 자손들의 화기애애한 생활을 바라다보고, 자신의 괴로움이 어디서 온 것인가를 반성할 재료가 되는 것이다. 그런 탓으로 조상을 공양하는 길은 하나에도 조화, 둘에도 조화, 오직 조화된 생활밖에 없다는 것이다.

하쓰요는 나의 이야기를 고개를 끄덕이며 듣고 있었다.

"오봉이란 그와 같은 뜻이 있었던 것입니까? 저는 무덤에서 조상이 온다고 하는 말을 옛날부터 들어왔습니다. 그렇다면 무덤에는 영은 없는 거군요. 있다고 한다면 괴로워하는 영이군요."

"그렇습니다. 무덤은 썩어 문드러진 육체를 버리는 곳입니다. 하지만 이 세상을 떠날때, 무덤이 자기의 살 곳이라고 생각한 사람들은 그곳에다 지옥계를 전개시키고 깨달을 때까지 고생스러운 생활을 수행하게 됩니다."

"그렇다면 숙부님은 무덤에 계셨던 게 되는군요."

"그렇게 되는 거죠. 누구든지 자기의 마음가짐과 행동할 바를 옳은 규칙에 맞추어야 합니다. 진정한 행복은 이것밖에 없습니다. 당신의 마음 속에 불평이나 구애되는 일, 노여움, 남을 헐뜯는 일, 만족할 줄 모르는 욕망이 강하면 강할수록 다시 악령에게 빙의되고 맙니다. 우리의 마음 속에서 생각하는 일이 옳으면 광명의 세계에 통하지만 자기본위인 마음의 작용은, 그 마음에 비례하여 조화되지 못한 세계에 통하고 맙니다. 모든 행(幸)·불행은 생각하는 것, 행동하는 것의 결과이며, 그것들은 자기 자신이 만들어 낸다는 것을 알아야 합니다."

하쓰요는 완전히 허리의 통증도 사라지고, 얼굴빛도 완전히 건강한 빛으로 바뀌었다.

제 6 장
황폐해지는 인간의 마음

인간과 문명

문명은 우리의 마음과 생활을 완전히 변하게 했다. 물질적으로는 틀림없이 풍족하게끔 만들어 주었으나, 사람들을 고립시키고, 이기심과 욕망을 길러 냈다.

어느 남양군도의 한 곳에 공장이 유치되었다. 그곳에 사는 원주민은 그때까지 공장에서 일하고, 월급을 받고 그 돈으로 먹고 싶은 것을 사먹고, 옷을 사고, 갖가지 놀이를 할 수 있다는 데 대해서 아는 바가 없었다.

생활도 공동체여서 차별이 없었고, 누군가 다치거나 병이 나면 섬 전체의 사람들이 그 가족의 생활을 도와주고 약을 구해다 주곤 했다. 생활은 결코 편안하지 못하였고, 단조롭기 짝이 없는 것이었으나 남을 미워하거나 모함하거나 하는 일이 없으므로 사람들의 마음은 평화스럽기 그지없었던 것이다.

그런데 공장이라는 문명이 섬에 들어온 뒤로는, 그들의 생활이 확 변하고 말았다. 술을 마시고 도박이 유행되고 남을 깔보는 일이 생겼다. 이윽고 사람들의 마음은 가닥가닥 떨어져 나가고 예전의 공동사회는 자취도 없이 사라지고, 가는 곳마다 저희끼리 싸움들을 하는 것이었다.

공장이 생긴 뒤 사람들의 마음이 거칠어지는 데는 그다지

긴 시간이 걸리지 않았다. 사람의 마음이 얼마나 어리석고 얼마나 믿을 수 없는가 하는 것은, 상상조차 할 수 없는 빠른 속도로 마음이 변해가는 것으로 알 수 있다.

조상 대대로 이어진 원주민의 평화스러운 생활은 문명의 침입으로 어이없이 무너지고, 두번 다시 옛시절로 돌아갈 수 없게 될 것이다. 사람들이 올바른 마음을 되찾지 않는 한 말이다.

어린이는 부모의 거울

패전(일본의)이라고 하는 미증유의 혼란기와 잿더미로 변한 도시에도 간신히 부흥의 징조가 나타나기 시작했다.

도처에 암시장이 서고, 살기 위한 필사적인 활동이 어느 가정에서도 시작되고 있었다.

식량 사정은 미국으로부터의 원조 덕분에 1천만명이 굶어 죽으리라던 짐작도 빗나가고 생활하는데 불안은 따르지만, 일하기만 하면 전쟁에서와 같이 죽는 일은 없었다. 그러나 가정에 따라서는 패전이라고 하는 충격은 갖가지 파문을 던져서 일종의 허탈상태에서 헤어나지 못하고 있는 사람들도 많았다.

1945년 3월, 고바야시 사도꼬(小林里子)는 도쿄 변두리에 사는 집안의 2남 1녀의 외딸로서 태어났다. 어린 시절에는 명랑했으나 자라나면서 점점 어두운 그림자를 띄게 되었다.

그래도 학교의 성적은 나쁜 편은 아니었고, 진학은 순조롭게 되어 B도립고등학교에 들어갔으나 2학년 때부터 친구가 없어지고 집에 돌아온 뒤에도 자기 방에 틀어박힌 채 형제나 부모하고의 대화도 뚝 끊어져 버렸다.

밤에는 거의 잠을 이루지 못하는 날이 거듭되어서 졸업할 때의 성적은 뒷쪽에서 세는 편이 쉬울 만큼 떨어져 있었다.

고등학교를 졸업한 뒤에는 취직을 했으나 어디에서도 오랫동안 근무를 하지 못하고 직장을 자주 바꾸곤 했다.

그동안 정신병원에도 입원했다 퇴원했다 하기가 일쑤여서 부모들도 사도꼬때문에 매우 골치를 앓고 있었다.

1973년 4월 중순, 그녀의 아버지인 겡이찌(健一)가 나의 사무실을 찾아왔다.

그는 사무용품을 만드는 회사에 벌써 20여년이나 근무해 온 종업원이었다.

쉰살을 갓 넘은 얼른 보아서 얌전한 인상을 주는, 그러면서도 어딘지 어두운 느낌이 드는 사나이였다.

"사실은 딸애인 사도꼬 때문에 왔습니다만, 요즘 유행하는 노이로제로서 아주 낭패를 겪고 있습니다. 노이로제를 어떻게든지 고쳐 주려고 생각합니다만 좋은 방법이 없을까요? 저희들까지도 머리가 이상해지는 것 같습니다. 어떻게 구해 주십시오."

그는 나의 앞에서 두손 모아 비는 것이었다.

"고바야시씨, 잠깐만 기다려 주세요. 저는 의사도 아니고 아무 것도 아닙니다. 저에게 두손 모아 부탁해도 곤란합니다. 정신과 의사를 찾아가 보는 게 좋겠습니다."

겡이찌의 말에 나는 차갑게 대답했다.

이유는 아주 간단했다. 우리들까지 이상해진다는 그의 무자비한 말에 나는 큰 반발을 느꼈기 때문이었다.

"제 친구로부터 선생님을 찾아가면 사도꼬는 고쳐질 수 있다고 들었습니다. 제발 부탁이니 우리들을 구해 주십시오."

"나에게는 당신네들을 구할 수 있는 힘은 없습니다. 정신과 의사를 찾아가십시오."

"정신병원에서 고쳐지지가 않았습니다. 지금까지 몇번이나 입원을 시켰습니다만, 퇴원했는가 하면 또 입원해야 하고, 좋아졌는가 하면 또다시 입원하게 되곤 했습니다. 오늘 아침에도 우리 부부에게 마구 욕을 퍼붓고, 어떻게 할 수가 없었습니다. 어떤 좋은 생각이 있으시면 조언이라도 해 주셨으면 합니다. 경제적으로도 야단입니다. 우리들을 구해 주십시오."

인간이란 마지막 궁지에까지 몰리지 않으면 정신을 차리지 못하는 모양이다.

이러한 환경으로 몰리게 된 것은 그렇게 몰리게 만들 만큼 부조화를 이룬 사념(思念)과 행위가 있었기 때문이다.

"고바야시씨, 저에게 시간 여유를 주십시오. 사도꼬양의 병은 벌써 7,8년이나 된 겁니다. 당신이 나를 찾아왔다고 해서 곧 고칠 수는 없는 것입니다."

"그것은 그럴지도 모르지요. 그렇다면 고칠 수 있는 방법만이라도 가르쳐 주십시오."

나는 여기서 사실을 이야기해 줄 수밖에 없다고 생각했다. 그것은 부탁을 하는 본인을 위해서도 필요한 일이고, 사도꼬의 병을 고치는 것도 되기 때문이었다.

"고바야시씨, 이제부터 제가 이야기하는 것에 대해서 화를 내시면 안됩니다."

나는 정색을 하면서 그의 얼굴을 보았다.

그와 나 사이에 놓여 있는 테이블에 시선을 떨어뜨리면서 겡이찌는 공손한 태도로,

"네, 알았습니다. 우리들이 구해질 수 있다면 무슨 말씀이든……"

하고 기운없는 대답을 하고 머리를 조아렸다.

"사도꼬양의 병에는 고바야시씨 부부를 비롯해서 가족들 전부에게 책임이 있습니다."

이 말에 불만을 느낀듯, 반사적으로 그는 이렇게 이야기했다.

"말대꾸를 하는 것 같습니다만, 저희들은 오늘날까지 열심히 일해서 자식들을 키워 왔습니다. 나쁜 짓도 한 게 없습니다. 그런데 어째서죠?"

감정을 내지 않겠다고 약속을 했는데, 겡이찌는 벌써 감정적이 되어 있었다.

"고바야시씨, 감정적이 되어서는 안됩니다. 제가 이야기하는 것을 잘 들어주세요. 사도꼬양이 앓게 된 데는 원인이 있습니다. 그 원인은 부모님들의 가정 안에서의 교육태도에 있다고 봅니다."

"그럴 까닭이 없습니다. 저는 딸애를 고등학교까지 보냈습니다. 학교 성적도 나쁘지는 않았습니다."

"고바야시씨, 수학 · 영어 · 국어의 성적이 아무리 좋아도, 정서가 없고 선악의 구별을 하지 못하는 사람은 많습니다. 당신은 따님의 정서교육에 힘을 쓰셨는가요?"

그는 한동안 생각에 잠겨 있더니,

"주산과 꽃꽂이를 가르쳤습니다."

"그래, 주산과 꽃꽂이로 따님의 정서가 풍부해졌습니까?"

"외딸이니까 여자로서의 교양을 쌓게 한 것이죠."

"교양이 따님의 마음 속에 허영심을 만들었다면 어떻게 되죠? 주산이나 꽃꽂이를 가르치는 선생의 마음의 상태가 문제가 된다고 봅니다. 교양이 오히려 해가 되어서 교만한 마음을 만드는 수도 있는 것입니다."

"그럴까요?"

그에게는 내가 하는 이야기가 잘 이해가 되지 않는 모양이었다.

나는 화제를 바꾸어서 가까운 이야기부터 시작했다.

"당신은 겉으로 보기에는 아주 온순하지만 성급하시군요."

"저는 성급하지 않습니다. 낚시가 취미여서 벌써 30년 가깝게 됩니다. 낚시는 마음이 느긋하지 않으면 되지 않습니다. 그것과 딸애의 병과 어떤 관계가 있는 것입니까? 저는 이런 이야기를 하러 온 것은 아닙니다. 그보다도 딸애는 어떻게 되는 거죠?"

자식은 부모를 닮는다고 하는 만큼, 자식에게 있어서 부모의 영향은 절대적인 것이다.

그런데 겡이찌에게는 나의 이야기가 얼른 이해가 되지 않는 게 분명했다. 사도꼬의 노이로제는 아버지의 태도와 크게 관계가 있건만, 그는 아무런 관계가 없다고 생각하고 있는 것이다.

"한 번 따님과 만나게 해주십시오. 좋으시다면 가까운 시일 안에 댁에 찾아가서 근본적인 대책을 세우지 않으면 안되겠습니다. 오늘은 헛걸음을 하신 모양입니다만 앞으로는 반드시 좋은 결과가 나오겠지요. 부인에게 안부 전해 주세요."

"그렇습니까? 여기 오면 된다고 친구는 말했는데 오늘은 안되겠습니까?"

그는 불만인 것 같았다.

"당신은 자기밖에 생각하지 않는 모양인데 환자는 따님입니다. 따님이 제 사무실에 찾아와 주면 제일 좋겠지만, 아마 오지 않을 겁니다. 무섭다고 생각하기 때문에……"

"그럴 리는 없습니다. 뭣하면 억지로라도 끌고 오겠습니다."

"그것은 안됩니다. 따님이 자진해서 온다면 좋지만, 그렇지 않으면 아무리 이야기를 해도 소용이 없는 일입니다. 따님의 마음은 지옥의 악령이 지배하고 있는데 그들 사이에서는 제가 잘 알려져 있습니다. 그래서 그들이 따님을 무서워하게 만들어서 여기에 오지 못하도록 하기 때문입니다."

"딸에게 그런 것이 붙었습니까? 제 딸은 노이로제입니다. 그런 것이 붙을 까닭이 없지 않습니까?"

"어차피 알게 됩니다. 집에 찾아갈 테니까 잘 부탁합니다."

이 사나이와 아무리 이야기를 해 보았자 이야기는 헛돌아갈 뿐이기에 여기서 끝내기로 했다.

무지(無知)라고 하는 것은 정말 무서운 것이며 곤란한 것이기도 하다. 그러나 사람들은 누구나 내일을 모른 채 인생을 살아 가고 있는 것이다. 자기 자신에 대해서조차 모르고 괴로움의 씨앗을 스스로 뿌려서 괴로워하고 있는 것이다. 솔직한 마음이 되어서 자기 자신을 돌이켜 볼 수만 있다면 맹목과 고뇌의 인생에 종지부를 찍을 수가 있을 것이다. 그러나 사람에 따라서는 그것을 할 수가 없는 것이다.

'인연 없는 중생(衆生)은 구하기 어렵다'라는 말이 있다. 그러나 옷소매가 스쳐도 인연이라는 사실을 모르고 지나쳐 버리는 사람들이 너무나도 많기 때문에 정법(正法)이 먼 것임을 느끼는 수가 많은 것이다.

사람의 마음이란 내 자식조차도 자유스럽게 움직일 수가

없는 법이다.

사물의 도리를 가르쳐 주는 것은 부모의 의무이지만, 그 이치에 따라서 사느냐 안 사느냐 하는 것은 자식의 뜻에 달려 있는 것이기 때문이다. 그러나 어린 자식의 마음은 흰종이와 같은 것이어서 부모들의 태도여하에 따라서 어떤 자식은 오른쪽으로도 왼쪽으로도 움직이는 것이다.

문제는 그 아이가 자기 자신을 의식하게 되어서, 자기의 뜻으로 움직이기 시작하게 되었을 때에도, 그 이전의 부모의 생활태도가 자식의 마음에 뚜렷하게 남겨져 여러 가지 인생을 걷게 되는 것이다. 또한 남의 이야기를 듣는 귀를 가진 자와 그렇지 못한 자가 있다. 갖지 않은 자에게는 손을 써 볼 도리가 없는 법이다.

남의 이야기에 귀를 기울일 수 있는 사람은, 비록 깨닫는 과정에서 괴로움에 허덕이는 일은 있어도 구제가 가능하다.

왜냐하면 누구나 사람의 마음은 하느님과 연이 되어 있고, 착한 마음이 마음 속에서 살아나는 때가 반드시 찾아 들게 마련이기 때문이다. 이것은 관념도 아무 것도 아니다.

나의 체험에서 그렇게 확신하고 있는 것이다.

나는 겡이찌의 자택을 방문할 때는 그가 집에 없을 때를 노려서 가기로 했다. 이유는 다른 게 아니다. 그가 있으면 이야기가 혼란을 일으켜서 수습할 수 없게 될것이다.

〈법화경(法華經)〉의 참뜻

며칠 뒤, 나는 그의 집을 방문했다.

국철 우에노 역(上野驛)에서 아사쿠사(淺草) 가까운 곳으로 약 10분 가량 걸어가니까 쉽게 고바야시 겡이찌가 살고 있는 사택을 찾을 수 있었다.

현관 문을 열고 들어서니까 현관 안에 무엇인가 부속품인 듯 싶은 것이 상자 속에 넣어져 싸여 있었다. 아마 부업에 쓰여지는 재료가 아닌가 싶었다.

집안에서 여인의 독경하는 소리가 들려오고 있었다.

'나무묘법연화경'이라는 염불 외우는 소리가 아주 힘차고 단조롭게 들려오고 있었다.

"여보세요, 여보세요!"

나는 현관에 들어서서 커다랗게 소리를 질렀다.

염불 외우는 소리가 뚝 그치더니 안에서 나이가 지긋한 부인이 나타났다.

아마도 겡이찌의 부인인듯 싶었다.

"주인 어른의 부탁을 받고 사도꼬양 때문에 찾아왔습니다."

"아 그렇습니까. 자아 어서 안으로 들어오십시오. 자아 이리로요."

나는 서슴치 않고 올라갔다. 그리고는 그녀가 염불을 외우고 있던 불단 앞자리에 앉았다.

불단은 훌륭하게 꾸며져 있었고, 가재도구보다도 돈을 많이 들인게 분명했다.

향불 냄새가 방안에 가득차 있었다.

"차 좀 드시지요."

나에게 차를 권하면서,

"저는 겡이찌의 아내입니다."

하고 자기 소개를 하는 것이었다.

"따님이 참 안됐습니다."

나는 곧 이야기의 핵심에 들어갔다.

"네, 정말 말썽꾸러기여서 집안 식구들이 모두 고통을 받고 있습니다. 입원을 해도 완치가 되지 않습니다. 저희들은 정말 지쳤습니다. 그래서 그런지 오늘은 꽤 조용합니다. 매일 오늘 같다면 좋겠는데 이것도 모두 전생으로부터의 업이겠지요."

하쓰꼬(初子)라고 자기 자신을 소개한 겡이찌의 부인은 얼핏 들으면 아주 도리에 맞는 듯이 들리는 말을 타이르듯이 이렇게 말했던 것이었다.

그러나 하쓰꼬의 입에서 나온 전생으로부터의 업(業)이라고 하는 종교적인 판단은 나를 매우 불안하게 만들었다. 이 사람에게 진실을 이야기해도 오히려 반발해 올 게 고작이라는 생각이 들었기 때문이었다.

"전생의 업이란 어떤 것이죠?"

나는 굳이 질문해 보았다.

하쓰꼬는 그것보라는 듯이 미소지으면서,

"당신도 〈법화경〉의 교의를 배우시면 아시게 됩니다."

하고 자못 의기양양해 하는 것이었다.

"감사합니다. 전생의 업이란 어떤 것을 말하는 거죠?"

나는 또다시 질문을 해 보았다.

"전생의 업이란, 이 세상에 태어나기 전의 세상에서 그다지 좋은 일을 하지 않은 악업(惡業)을 말하는 것입니다. 이 악업때문에, 우리들은 현재 괴로움을 당하고 있는 것입니다. 그래서 그 악업을 본존(本尊) 부처님께 부탁드려서 업장을 소멸시켜 받는 겁니다. 즉 염불을 외우는 것으로서 공양을 하는 것입니다."

"그러면 따님의 병도 전생의 악업때문이겠군요."

"그렇습니다. 그러기에 열심히 염불을 외우고 있는 것입니다."

"네, 그렇습니까?"

나는 대답하기가 난처해 말문이 막히고 말았다.

"주인어른은 성급한 성격이시죠?"

"네, 저의 남편은 성질이 까다로와서 곧 잘 주먹을 휘두릅니다. 저도 지금까지 용케 참아왔다고 생각하고 있습니다."

"그러면 부인께서는 주인어른의 얼굴빛을 보지 않고서는 이야기를 하지 못하시겠네요."

"그렇습니다. 저만 참으면 된다, 하는 게 지금까지의 생활이었습니다."

"그러면 마음이 편안한 날이 없으시겠네요."

"언제나 건강 상태가 나빠서 큰일입니다. 어깨가 저리고 머리가 항상 아픕니다."

"그러시겠군요. 그러면 그것도 전생의 업이 되는 셈이군요."

그녀는 잠시 대답을 못하고 있더니,

"그렇다고 생각합니다. 그러니까 염불을 외우면 편안해지는 겁니다."

"그것은 그렇지 않아요. 부인의 마음은 편안치가 못하지 않습니까? 주인어른의 얼굴빛만 보면서 조마조마해 하는 게 아닙니까? 따님 병에 대해서도 걱정을 하시고…… 그 밖에도 여러 가지 있군요. 그러한 것들의 원인을 없애지 않으면 부인은 오래 살지 못할 겁니다."

"그것은 그렇습니다만——"

하면서 하쓰꼬는 생각에 잠겨 버린다.

전생의 업은 딸의 경우에는 납득이 되지만, 자기가 처해 있는 현실적인 괴로움에 대해서는 그것을 전생의 업이라고 하기에는 너무 논리의 비약이 심하다고 하지 않을 수 없었다.

염불을 외워도 외우는 동안에는 마음이 편안하지만, 염불을 끝내면 곧 현실로 돌아오고 만다.

'확실히 그렇다.'

그녀는 마음 속으로 이렇게 생각하고는,

"그러면 어떻게 하면 좋죠? 무슨 좋은 방법이라도……"

나의 얼굴을 들여다보듯이 하면서 이렇게 질문을 해왔다.

"근본은 말씀입니다. 부인 자신이 그리는 것, 생각하는 것, 행(行)하는 것에 원인이 있는 것입니다. 부인께서는 주인어른을 원망하신 적이 있으시겠지요?"

"그야 항상 원망하고 있지요. 저는 계속해서 참아오기만 했으니까요."

"언제부터죠?"

"결혼해서 두달쯤 되었을 무렵이었어요. 주인은 이런 음식을 먹을 수 있느냐고 하면서 밥상을 뒤집어 엎고 저를 때렸습니다. 저는 무서운 사람이라고 생각했습니다만, 큰아들이 뱃속에 들어 있었기 때문에 참았습니다. 그 뒤로 줄곧 참아온 것이지요."

"사도꼬양이 태어난 뒤 대여섯살 무렵의 집안은 어떠했었나요? 아이들 보는 앞에서 주인어른이 주먹을 휘두르셨나요?"

"술을 마시고는 언제나 저를 야단을 쳐서 애들도 항상 겁을 집어먹고서 쩔쩔 매었습니다."

"주인어른은 따님이나 다른 아이들과 이야기를 주고 받는 일이 있었나요?"

"거의 없습니다. 예전이나 지금이나 마찬가지죠. 애가 조금 상처라도 입고 다치는 날이면 저는 얻어맞고 발길로 채이고……, 정말 난폭해서 주인 앞에서는 집안 식구들은 모두 입을 다물고 있습니다. 이야기를 오손도손 나눈다는 일은 상상도 할 수 없습니다."

"도락(道樂)은 있으시지요?"

"네, 자주 낚시를 가십니다. 저는 전생에서 아주 나쁜 짓을 했나 보지요?"

하쓰꼬는 아직도 전생의 업에 사로잡혀 있었다. 오랫동안 신앙생활을 해 왔기 때문에 자기가 모르는 일에 부딪치면, 전생의 업이려니 하는 것으로 스스로의 마음을 달래는 습관이었다.

"부인, 전생에 원인이 있는 게 아닙니다. 현세(現世)의 원인이 여러 가지 문제를 일으키고 있는 것입니다. 당신은 주인과 다른 사람들로부터 마음 속에 독물(毒物)을 가득 먹고 있는 것입니다. 따님에 대해서도 마찬가지입니다. 하기야 따님의 경우에는 전적으로 부모님에게 책임이 있습니다."

"어떻게 하면 좋습니까?"

"부인, 당신은 색심불이(色心不二)라는 말을 알고 계십니까?"

"잘 알 수 없습니다만 색이란 물질을 뜻하는 게 아닐까요? 마음이란 생명을 말하는 것이구요."

"바로 맞았습니다. 색(色)이란 우리 눈에 보이는 것 전부를 뜻합니다. 우리들의 육체도 색이며, 육체는 인생항로를 건네 주는 나룻배입니다. 그 배의 사공은 영원히 변하지 않는 우리들인 것이며, 그 중심에 있는 것이 마음입니다. 육체와 마음은 불이일체(不二一體)가 되어서, 지금 이렇게 당신이나 내가 여기 존재하고 있는 것입니다. 진실한 것과 그렇지 않은 것과의 판단, 즉 옳게 보는 판단을 내릴 수 없기 때문에 괴로움을 빚어 내고 있는 것입니다. 당신은 자기 자신에게 거짓말을 할 수 있습니까?"

"할 수 없습니다."

"그럼 남에게는요——"

" 자신이 곤란해질땐 역시 거짓말을 하게 되더군요."

"그렇겠지요. 거짓말을 말할 수 없는 올바른 마음이야말로, 당신이 지니고 있는 선아(善我)입니다. 이것은 '거짓자기'라고 합니다. '거짓자기'의 마음이 많은 사람은 괴로움이 많은 사람이라고 할 수 있을 겁니다. 불교에서는 일념삼천(一念三千)이라고 해서 우리들의 마음 속에서 생각하는 것은 끝없이 변하기 때문에, 그만큼 마음을 언제나 올바른 방향으로 향하게 하는 노력을 게을리해서는 안되는 것입니다."

"당신은 〈법화경〉의 참뜻을 알고 계시군요. 아까는 아주 큰 실례를 범했습니다."

나는 하쓰꼬로부터 이 말을 듣고 마음을 놓았다.

사도꼬의 병을 고치려면, 우선 부모인 하쓰꼬의 마음을 고치지 않는 한 어려운 일이기 때문이었다.

벌은 누가 내리는가?

사도꼬의 꽁꽁 굳어진 마음은 그녀를 둘러싸고 있는 주위 사람들의 이해가 절대 필요하며, 특히 그녀의 어머니는 신앙의 독을 많이 지녔기에 그 독을 전부 토해 놓지 않으면 안되는 것이었다. 다시 말하면 기성관념을 백지로 돌리고 순수한 마음으로 돌아가야 된다는 이야기이다.

그러나 여기까지 이야기를 나누는 가운데, 하쓰꼬의 마음에 겨우 빛이 찾아 들기 시작했으므로, 이 집을 찾아온 목적은 반쯤 이루어진 셈이었다.

하쓰꼬는 이야기를 계속했다.

"그렇다면 지금의 저의 마음은 지옥과 통하고 있는 것입니까?"

"그렇습니다. 마음 속의 나침반이 지옥을 가리키고 있는 셈입니다. 한 가닥 마음이 지옥에 통해 있는 것입니다. 따님도 마찬가지죠."

"그럼 어떻게 하면 좋겠습니까?"

하쓰꼬는 침을 꿀꺽 삼키고는 진지한 표정을 짓는 것이었다.

"도꾜의 하늘은 스모그에 덮여 있습니다. 자동차와 공장에서 쏟아 놓은 매연으로 말입니다. 옛날에는 그렇지 않았습니다. 스모그는 인간이 만들어 낸 것입니다. 즉 인간의 욕망이 만들어 낸 것입니다. 아름다운 태양도 푸른 하늘도 그 때문에 보이지 않게 되었습니다. 우리들의 마음에 대해서도 똑같은 이야기를 할 수가 있는 것입니다. 원망·질투·비난·노여움·만족할 줄을 모르는 욕망. 이러한 감정이나 본능적인 욕망이, 즉 남은 어찌 되었던 나만 좋으면 된다는 자기보존 욕구에 의해서 스모그를 만들어 내고 있는 것입니다. 괴로워하는 마음은 이 스모그인 것입니다."

"과연 그렇군요. 그렇다면 우리들의 마음은 자연계의 모습과 별로 다르지 않다는 게 되는군요."

"그렇습니다. 대자연이 우리들의 생활을 가르쳐 주고 있습니다. 대자연의 모습이야말로 하느님의 마음의 표현인 것입니다. 우리들의 마음도 자연계와 똑같이 만들어져 있습니다. 그러니까 이것과 반대되는 생활을 하면, 그 반대되는 분량만큼 결과로서 나타나게 되는 것입니다. 작용, 반작용이라고 합니다만, 원인과 결과라고 해도 좋습니다. 그러니까 나쁜 결과를 빚어 내지 않는 생활을 하는 게 중요한 것입니다. 그러려면 매사에 편협되지 않는, 즉 치우치지 않는, 또 오관의 지배를 받지 않는 생활, 즉 중용의 생활을 해나가야 되는 것입니다. 중용이란 이런 것입니다. 우리들은 아무래도 자기 중심으로 생각을 하기 쉬운데 자기 중심이 되지 말고, 항상 제3자의 입장에 서서 자기를 보고, 상대를 보도록 하는 것을 말합니다. 그렇게 되면 올바른 판단이 차차 생겨서 괴로움에서 해방되게 되는 것입니다. 이러한 일은 타력(他力)으로는 안됩니다. 염불을 아무리 외워도 아무 소용이 없는 것입니다. 타력(他力)이라고 하는 것은, 자기 자신이 열심히 올바른 생활을 한 결과로서 주어지게 되는 것입니다. 처음부터 남의 힘을 빌리자는 것은 욕심이 너무 많은 것입니다. 왜냐하면 자기는 아무런 노력도 하지 않고 선반에서 떡이 떨어지는 것을 바라는 것이나 마찬가지이니까요. 무슨 일이나 자기 자신이 땀을 흘려서 얻은 것이 아니면, 진짜 행복은 찾아들 수 없다는 것입니다."

"그러면 저희들의 생각도, 생활도 잘못되었던 것이로군요."

"바로 그렇습니다. 이른바 본존 부처님(하느님)의 자애를 받을 수 있도록 자신의 마음과 행동을 바로잡는 것이 중요한 것이지, 염불을 외우는 게 중요한 것은 아닌 것입니다."

"그럼 벌에 대해서는 어떻게 되는 것입니까?"

"지금 부인의 가족들에게 일어나고 있는 것이 벌이 아닐까요? 벌은 여러분 자신이 만들어 내고 있는 게 아닐까요? 신불은 벌 같은 것은 주지 않습니다. 지금의 당신은 따님의 병을 고치기 위해서 염불을 외우고 있지 않습니까? 자기 자식이 귀여운 것은 인간의 부모이신 하느님도 마찬가지입니다. 우선 자기 마음을 덮고 있는 매연을 없애야 합니다. 마음 속으로 생각하는 것, 행하는 것을 바로잡음으로써 마음에 낀 매연을 말끔히 없애고 하느님의 자애의 빛을 받는 것입니다."

"바로 그렇군요!"

하쓰꼬는 처음으로 수긍을 하면서 두 눈에 눈물까지 글썽이는 것이었다.

오랜 세월에 걸친 무지에서 빚어진 신앙이 그녀를 구렁텅이 속에 쳐 넣었던 것이 분명했다.

지금 받는 고통이 전생으로부터의 업이라고 한다면, 아니라는 증명을 당장 할 수 없으니 그럴지도 모른다는 생각이 들 것이다. 전생으로부터의 빚이라면 갚지 않으면 안되고, 현재의 고통이 빚을 갚기 위한 것이라면 견디어 나가지 않으면 안된다.

염불을 외우는 것은 그 업장을 가볍게 하여 업의 고통을 절반으로 줄여 준다고 생각하게 된다. 하기야 염불을 외우고 있는 동안만은 모든 고통을 잊을 수 있기는 하다. 그러나 염불을 끝내면 또다시 먼저의 고통이 되돌아 온다.

아니 딸의 병은 더욱 더 무거워지고 남편의 성급한 행패는 날이 갈수록 더해진다.

염불을 아무리 외워도 마음을 바로 잡지 않으면 공덕(功

德)은 나타나지 않게 마련이다. 그럼에도 불구하고, 염불을 덜 외웠다, 신앙심이 부족하다고 하쓰요는 생각해 왔던 것이다.

그러나 지금 이렇게 하느님은 벌을 주지 않을 뿐 아니라, 가정 안의 혼란은 자기들의 마음가짐, 행동하기에 달려 있다고 한다면 해결할 방법은 얼마든지 찾아낼 수 있는 게 아닐까? 이같은 너무나도 분명한 사실들을 어떻게 지금까지 깨닫지 못했는가 하고 하쓰꼬는 생각했다. 하쓰꼬의 마음은 기쁨으로 꽉차 있었다.

"부인께서는 굉장히 불평이 많고, 자기 입장이 곤란해지면 곧 화를 내십니다. 그 원인이 어디에 있다고 생각하십니까?"

"그 원인은 주인에게 있습니다. 월급은 적지, 주먹은 휘두르지……"

"그렇지가 않습니다. 그것은 남의 탓으로 돌리면 안 됩니다. 괴로워하고 있는 것은 당신이 아닙니까? 주인어른에게 대해서 감사하는 일도 없었고, 형식적인 행위뿐이었잖아요. 할 수 없으니까 아내 노릇을 해준다 라는 기분이 아니었던가요?"

눈물을 닦으면서 한동안 생각을 하고 있더니, 곧 대답을 해왔다.

"바로 그렇습니다. 분명히 제 마음은 결혼한 뒤에 주인에게 대해서 겉모양으로만 행동해 왔습니다. 저는 친정동생과 친정부모 때문에 고생을 했었거든요. 그러니까 진심으로부터 남편을 섬길 수 있는 여유가 없었던 것이라고 생각됩니다. 친정식구들이 고생을 하고 있지 않았다면 저는 벌써 오래 전에 이혼해 버렸을 것입니다. 그러나 저만 참으면 된다고 오늘날까지 참아온 것입니다."

"따님이 어렸을 때에 따님에게 불평을 말하거나, 화를 내면서 분풀이를 하신 적은 없었나요?"

"있었습니다. 딸애를 데리고 몇 번인가 집을 나간 적도 있었습니다. 그때마다 딸애에게 아버지의 욕을 들려주곤 했었습니다."

"그렇습니다. 따님은 어렸을 때부터 당신네들 부부의 조화를 이루지 못한 말이나 행동의 독을 먹어 온 것입니다. 참다운 애정을 받아 본 일이 없었던 것입니다. 지금의 따님의 병든 마음은 그때 만들어진 것입니다."

"그런 일이 있을 수 있을까요?"

그녀는 또다시 의문이 생긴듯 했다.

"아주머니 바퀴벌레는 어떤 곳에서 나옵니까?"

"침침하고 어두운 곳이죠."

"그렇지요. 집안 식구들의 마음이 침침하고 어두운 가정에는 악령들이 모여들게 됩니다. 악령은 바퀴벌레와 마찬가지입니다. 바퀴벌레가 번식하는 게 싫으시면 집안을 밝게 하는 것입니다."

"그럼 참는 것은 어떻게 하면 좋습니까?"

"참으면 언젠가는 폭발합니다. 마음 속에서 불완전연소를 하고 있기 때문에, 타인에게도 자기에게도 초조한 마음이 생겨서 육체적으로도 조화를 잃게 됩니다. 덮어 놓고 참는 것보다는 인욕(忍辱)이 중요한 것입니다. 인욕이란 어떤 창피를 당해도, 그 독을 마음 속에서 먹지 않고 잘 견디는 것을 말합니다. 그러려면, 보거나 듣거나, 마음으로 생각하는 것, 하나 하나를 팔정도(八正道)라고 하는 중용(中庸)의 자로 재어서 생활하는 것입니다. 즉 팔정도의 필터에 걸러서 반성하고 잘못이 있으면 하느님께 사과를 드리는 것입니다. 그리고 같은 잘못을 두번 다시 되풀이 하지 않도록 노력을 하는 것입니다. 불평은 자기의 욕망이 이루어지지 않기 때문에 나오는 것이며, 자기 자신이 내어 뿜는 독을 타인에게 먹일 뿐만 아니라, 자기의 마음 속을 더럽히어 스모그를 만들어 내는 것입니다. 일체의 괴로움의 원인은 여기에 있습니다. 월급이 적다고 하지만 주인이 일해 왔기 때문에 가족이 생활할 수 있었던 게 아닙니까? 그러니까 우선 감사해야만 됩니다. 감사에는 보은(報恩)이라고 하는 진심으로부터 우러난 행위가 필요한 것 같습니다. 지금부터 잘 반성해서 부인의 태도와 마음가짐을 수정해야겠습니다."

"제가 나빴던 것일까요?"

"물론 당신뿐이 아닙니다. 당신도 주인어른도 마음 속에 도사리고 있는 거짓 나(僞我)를 버려야 합니다. 그리고 참, 주인어른이 앓으신 일은 없습니까?"

"그러고 보니 8년 전 일이었습니다. 목소리가 나오지 않게 되었던 일이 있었는데 목소리가 나와도 아주 쉰 소리여서 고생을 했습니다. 주인어른은 암이라고 말하면서 괴로워 했습니다. 일년 가까이 기운이 없었습니다."

"그때 부인은 어떻게 생각하셨습니까?"

"더러운 욕을 퍼부운 벌이라고 생각했습니다. 그러나 노상 화를 내고 있어서 혼이 났습니다."

"주인어른은 오토바이로 통근하지 않았던가요?"

"그렇군요, 그렇습니다. 이제 의문이 풀어졌습니다. 저희들은 너무나도 무지했습니다."

"오토바이를 타고 다녔으니까 차거운 바람이 목을 자극해서 염증이 생긴 것입니다."

"그랬었군요."

"그 밖에 주인어른과의 관계에서 뭐 생각나는 일은 없습니까?"

"네, 별거하고 싶다고 생각하고 있었습니다. 아이들과 함께 생활하려고 했던 것입니다."

"부인은 도망치려고 생각하고 계셨던 것입니다. 그것도 이미 늦었는데……. 그러나 아무리 장소를 바꾸어 보아도 마음의 고통은 사라지지 않는 법입니다."

"그렇다고 생각합니다."

하쓰꼬의 마음은 겨우 풀어지기 시작해 원인이 어디에 있는지 알기 시작한듯 싶었다. 여기까지 이르면 그 뒤로부터는 본인에게 달린 문제라고 할 수 있다.

염불 투쟁의 모순

"그런데 앞으로 신앙에 대해서는 어떻게 했으면 좋겠습니까?"

하쓰꼬는 신앙에 대해서 물어왔다.

"신앙이란 당신의 착한 마음을 믿는 것입니다."

"하지만 숭앙할 대상이 없는데 어떻게 하면 좋을지요?"

"숭앙할 대상이라니요?"

"저희들은 합장하여 모시는 만다라가 있습니다."

"만나라요……?"

"네, 보존 부처님 말씀입니다."

"잠깐만 기다려 주십시오. 아주머니께서는 태어나실 때부터 만다라를 걸치고 나오셨던가요? 만다라는 사람이 만든 것이 아니든가요? 인간이 필요로 하는 것은 모두 하느님께서 우리에게 주고 계십니다. 이 훌륭한 몸이 작은 우주인 만다라가 아니든가요?"

"네, 그렇군요……, 바로 그렇습니다. 과연 옳으신 말씀이십니다. 이제야 만다라의 뜻을 알게 되었습니다."

"맹신(盲信)과 광신(狂信)은 자기를 잃고 맙니다. 올바르게 사물을 볼 수 없게 되기 때문입니다."

"그럼 '나무묘법연화경'의 염불은 어떻게 했으면 좋겠습니까?"

지금까지의 신앙생활의 찌꺼기가 아직도 마음 속에 남아 있는 게 분명했다. 염불 외우는 것이 습관이 되어 있기 때문에 단숨에 이를 버리지 못하는 것 같았다.

"아주머니와 따님이 태어날 때에 '나무묘법연화경' 하고 의논했습니까?"

"말씀을 듣고 보니 그렇기는 합니다만, 염불은 벌써 20년째 외우고 있기 때문에 쉴 수는 없는데요."

그녀는 반항적인 어조로 이렇게 이야기했다.

나는 그녀의 얼굴을 새삼스레 다시 보았다.

여성의 본질이라는 것이 느껴졌기 때문이었다. 여성의 마음과 행동에는 이성(理性)으로 조정할 수 없는 그 무엇이 있는 것 같았다.

맹신에 빠진 어느 신흥종교의 여신도는,

"교조님께서 지옥에 가라고 하시면 지옥에 가겠습니다. 교조님과 함께라면 물불도 무섭지 않습니다."

하고 가슴을 폈다.

이 말을 들으면 얼른 보기에는 정말 대단한 신앙을 가진 부동(不動)의 마음인 것 같은 생각이 든다. 그러나 그런 신앙의 알맹이를 더듬어 보면, 그곳에는 감정에 빠져 버린 요망하기 이를데 없는 여심(女心)이 도사리고 있는 것이며, 강렬한 독점욕과 자기 만족이 교체되는 자기보존의 추악한 감정이 마음 속 깊이 요지부동으로 버티고 있음을 알 수가 있는 것이다.

타력(他力) 신앙에는 이상스럽게도 이런 경향이 많은 것 같다.

타력(他力)에 의존하는 것 자체가 자기를 상실시키는 신앙인 것이며, 또한 자기상실이야 말로 부처님에게 귀의하는 신앙이라고 굳게 믿고 있기 때문이 아닌가 한다.

하쓰꼬의 마음에서도 그것을 읽을 수 있었다. 지금까지의 신앙의 잘못을 나로부터 지적받아서 본인의 이성(理性)은 그것을 인정하면서도 그녀의 감정이 이를 가로막으려고 하고 있는 것이었다.

하기야 20년이란 세월에 걸쳐서 해온 염불투쟁이었다. 한두번의 나의 이야기를 고분고분하게 받아 들이려고 하는 편이 어쩌면 무리일지도 모르리라.

나는 '나무묘법연화경'이 지니고 있는 뜻을 차근차근 이야기해 주었다.

"부인의 마음을 모르는 것은 아닙니다. 그러나 불교에 투쟁이 있다는 것을 이상하다고 생각지 않으십니까? 불교는 어디까지나 평화스러운 가르침이며 투쟁이란 없는 것입니다. 나무(南無)란 고대 인도어의 '나모'라는 말이며, 이것은 귀의(歸依)한다는 뜻입니다. 법(法)이란 우주의 신리(神理)를 가르킨 말입니다. 부처님은 무식한 당시의 백성들에게 간단한 방편을 써서 가르치셨던 것입니다.

모든 비구·비구니들이여, 저 연꽃을 보시오. 정말로 아름답소. 그러나 그 아름다운 연도 물 밑의 진흙 늪 속에서야 꽃을 피울 수 있는 게요. 그대들의 몸을 보아도 눈에서는 눈꼽, 귀에서는 귀지, 이에서는 이똥 등이 나오지 않소. 즉 우리들의 육체는 저 진흙 속보다도 더러운 거요. 그러나 마음과 행동의 올바른 법칙을 알고 생활한다면, 저 연꽃과 같이 아름답게 조화를 이룬 평온한 경지에 도달할 수가 있을 게요. 이렇게 말씀하시고 가르치신 것이 오늘날과 같이 어려운 〈법화경〉이 되어 염불로 변하고만 것이오. 염불투쟁이라니 당치도 않은 말씀이오. 투쟁이란 수라(修羅)의 세계이며, 스스로의 몸을 망치게 되는 것입니다."

"딴은 그렇군요. 제가 지녔던 의문이 차차 풀어지는군요."

"가족 전원이 올바른 마음과 행동의 기준을 지니고 생활하는 것이 따님의 병을 고치고 집안을 밝게 만드는 길입니다. 그것도 타력이 아닌 자력으로 말입니다. 자기 힘으로 바로잡음으로써 다른 힘인 구제의 손길이 뻗쳐지게 되는 것입니다."

"잘 알았습니다. 제가 잘못했습니다."

"아주머니, 오늘부터라도 좋으니까 마음을 텅 비게 하고 부부가 의좋게 지내도록 하십시오. 제가 쓴 《사랑은 미움을 넘어》《위대한 깨달음》의 두권의 책을 잘 이해하고 참고로 해주세요."

"네, 알았습니다. 지부장(支部長)에게 의논해야 되지 않을까요?"

"당신이 이해가 잘 된 뒤에 하도록 하십시오. 어중간하면 반대로 설득당해서 다시 먼저의 상태로 돌아오고 말게 됩니다."

"그렇군요. 그렇게 하도록 하겠습니다."

사랑이 없는 부부

나는 하쓰꼬의 뒤를 따라 그녀의 딸인 사도꼬가 거처하는 이층방으로 올라갔다.

꽤 넓은 방이 두개 잇달아 있는데 사도꼬는 다다미 4개 반을 깐 방의 창가에 기대앉아서 스웨터와 같은 것을 짜다가는 다시 실을 풀고 있었다.

완전한 자폐증(自閉症)이었다. 내가 방으로 들어가도 거들떠보지도 않았다.

"애야, 손님 오셨다."

어머니의 말에 내 쪽을 바라보았으나 두 눈에는 생기가 없고, 맥이 빠진 채 아무런 반응도 나타내지 않는다. 사도꼬의 모습은 마치 식물인간과 같았다.

"애야 손님이 오셨다. 인사 정도는 해야 하지 않니? 정말 너무 예의를 모르는구나."

평상시의 엄격한 말투였다. 바로 조금 전까지, 신앙이니 신리(神理)에 대해서 이야기를 하여 하쓰꼬의 마음에 빛이 비쳐든 것도 잠시였을 뿐, 현실에 부딪치자 본래의 하쓰꼬의 모습으로 되돌아 가고만 것이었다.

사도꼬의 자폐증은 어머니와 가족들의 인정없는 차가운 마음들이 그렇게 만들었음을 집안 식구들이 마음과 몸으로 이해하지 않으면 안되리라.

어머니의 엄격한 말투에 그녀는 가볍게 고개를 숙였다.

"사도꼬양, 당신은 머리가 무겁지요? 어젯밤은 잘 자지 못했죠?"

내가 이렇게 말해도 얼른 대답을 하지 않았다. 잠시동안 사이를 두었다가,

"그래요……"

하고는 뜨개질하는 손은 멈추지 않았다. 사도꼬에게 있어서는 어머니도 손님도 관계가 없었다. 다만 우주 공간의 한 점으로 자기가 존재하는데 지나지 않으며 시간의 흐름조차 관계가 없는 게 분명했다. 견디다 못한 하쓰꼬가,

"애야 대답 정도는 분명히 하는 게 어떠냐! 언제나 고함치듯이 말이다. 너를 걱정해 주셔서 오신 거란다. 분명히 말해라, 분명히!"

"따님은 환자입니다. 너무 심한 어조로 말씀하시면 안됩니다. 좀더 부드럽게 말씀하셔야 합니다."

"하지만 여늬 때는 이렇지가 않다니까요."

하면서, 하쓰꼬는 차를 가져 오기 위해 아랫층으로 내려갔다.

사랑이 없는 말은 환자의 마음과 육체에 아주 심한 영향을 미치게 마련이다.

딸인 사도꼬보다 부모를 교육시키는 편이 역시 선결문제라는 생각이 되었다.

사도꼬는 뜨개질하는 손을 멈추지 않고 풀었다 짰다 하고 있었다.

"사도꼬양, 당신은 자기 마음 속에 하나 가득 고통을 안고 있군요. 그것을 전부 털어 내어 놓으세요. 이대로는 재빛의 청춘입니다. 머리도 개운치 않고 가슴 속도 답답할 겁니다."

사도꼬는 비로소 고개를 끄덕였다. 나는 사도꼬의 머리에 두 손을 얹고 진심으로 하느님께 기도를 올렸다. 또한 가슴

과 등에도 두 손을 얹고 기도를 올렸다.

한동안 기도를 올린 뒤에,

"기분은 어때요? 좀 좋아졌죠?"

내가 물어보니 사도꼬는 눈물을 흘리고 있었다.

"무엇인가 가벼워진 것 같아서 기분이 좋군요."

"아 그래요? 그것 참 다행이군요."

"저는 자주 제가 무얼하고 있는지 모르게 되려 합니다. 정말로 괴롭습니다."

사도꼬는 말문을 열기 시작했다.

바로 조금 전에 마치 식물인간이었던 사도꼬에게 감정이 되살아 나고 의지가 작용하기 시작한 것이었다.

그녀의 마음을 점령하고 있던 악령이 잠시 그녀의 몸에서 떠났기 때문이었다.

"제자신의 본래의 마음으로 돌아가고 싶어요. 하지만 곧 저는 어디론지 가 버리죠. 그 뒤는 무엇이 무엇인지 통 알수 없게 되어 괴로움만이 오래 계속되는 겁니다."

"정신을 바짝 차려야 합니다. 남을 미워하는 생각이 조금이라도 생기면 그런 상태가 되는 것입니다."

잠시 생각에 잠겨 있더니,

"그렇군요. 그러고 보니 그런 것 같군요. 하지만 저처럼 불행한 사람은 없어요. 그러니까 곧 남을 비난하게 되는 거죠."

라고 말하는 것이었다.

노이로제 정신병은 피해의식(被害意識)이 강하게 작용하여 남을 미워하는 마음이 굉장히 강하기 마련이다. 원인을 더듬어 올라가면 가정 환경에도 있다.

어린애의 마음은 좋든 나쁘든 그 집안의 분위기에 물들기 쉬운 법이어서 성인이 된 뒤의 성격을 만들게 되는 법이다.

열 다섯살까지는 사람은 정신적으로나 육체적으로 자립이 되지 않는다. 따라서 그때까지는 부모와 형제들의 영향을 받으면서 자라게 된다.

가정이 흔들리고, 부부 싸움이 그치지 않거나, 가정교육이 너무 지나치게 엄하기만 하면 어린애의 마음은 점점 작아지게 되고 성큼성큼 자라지 못하게 된다.

부모를 미워하는 마음이 강해지고 내향적 반항심이 높아져서, 이에 이른 사람은 정신적, 육체적으로 자립하게 되는 열 대여섯살부터 늦은 사람은 마흔이 넘어서야 표면에 드러나게 된다. 즉 발병하게 된다는 이야기이다.

사도꼬의 경우는, 집안 사정이 심각했던 만큼, 발병도 빨라서 중학 2학년 무렵부터 이미 자폐증에 걸렸던 게 분명했다.

질병을 앓게 된 기간이 길면 길수록 치료는 힘들게 된다. 이것은 앞서도 이야기했지만, 한번 빙의되어서 마음이 텅비게 되는 습관을 만들게 되면, 빙의되는 길이 트이게 되어서 마음을 악마에게 점령당하고 만다는 이야기이다.

여늬 사람도 마음의 나침반(생각하는 것의 방향) 여하에 따라서 곧 빙의되지만, 보통 일반인의 경우에는 마음의 전환, 즉 기분 전환이 빨리 행해지기 때문에 빙의시간이 짧게 되는 것이다.

그런데 정신병은 이런 기분 전환이 쉽사리 이루어지지 않는다. 한 가지 사실을 언제까지나 계속해서 생각하게 된다. 그 때문에 빙의시간이 길어지게 되어서 이윽고 자기의 마음을 악령에게 점령당하여 인격이 변하게 되고 마는 것이라고 할수가 있다.

사도꼬의 자폐증은 중학 2학년 때부터 시작되어 고등학교를 나온 뒤에 본격적인 정신병으로 발전해 갔던 것이었다.

자기 정신으로 돌아온 사도꼬는 자기 자신으로 되돌아 오기를 원하고 있었다. 그러나 발병한 지 얼마 되지 않는 상태라면 그래도 좋으나 요양생활이 오래된 만큼, 마음의 작용 여하에 따라서 곧 다시 먼저의 다른 인격으로 변하게 되는 것이다.

얼굴빛도 창백했었는데 지금은 붉으레해진 상태였다.

그녀와 이야기를 계속하려고 하는데 아랫층 현관 쪽에서 남자 목소리가 들려왔다.

"손님이 와 계셨구나."

나의 사무실을 찾아왔던 주인인 겡이찌가 돌아온 모양이었다. 나의 구두를 보고 알아차린 모양이다.

하쓰꼬는 부엌에서 일을 하고 있는지 하쓰꼬의 대답은 들리지 않는다. 물론 현관에도 모습을 나타내지 않은 게 분명했다.

이층에 있는 내 귀에도 그의 목소리는 들렸고, 사도꼬는 그 목소리를 듣자 나에게는 아랑곳없이 자리 속으로 기어 들어가고 말았다.

"내가 돌아왔는데 대답 쯤은 하는 게 어때? 너 같은 계집이니까 사도꼬가 미친 거야. 이 바보 같으니라구"

겡이찌의 목소리는 한층 커졌다. 어디서 한잔 마시고 온 모양이다.

"시끄러워요. 무슨 소리를 하고 있는 거예요. 저는 일을 하고 있었기 때문에 돌아온 것을 몰랐어요. 집에 돌아오자말자 고래고래 소리를 지를 건 없지 않아요. 저도 바빠요."

하쓰꼬가 현관에 나온 모양이다.

"변명은 듣고 싶지 않아. 돌아오셨어요, 하는 말 쯤은 한 마디 하는 게 당연하지 않아? 이년아!"

"아, 그렇습니까, 돌아오셨습니까?"

"그런 인사가 어디 있어! 나는 하루종일 일하고 돌아온 거야. 누가 밥을 먹여 주고 있는 줄이나 알어! 제길헐 마음대로 하려므나!"

겐이찌는 현관문을 쾅 소리내어 닫고는 그대로 밖으로 나가 버리고 말았다.

"돌아오자마자 저 모양이니 정말 골치아픈 영감이야. 나야말로 정말 도망쳐 버리고 싶다니까!"

하쓰꼬는 혼자서 투덜거렸다.

난동을 부리는 악령

한참 뒤에 하쓰꼬가 바나나를 들고 이층으로 올라왔다.

"아무 것도 대접을 하지 못해 죄송합니다."

"그런 걱정은 하지 않으셔도 좋습니다."

"딸애는 어떻게 되었습니까?"

하고 방 안에 딸이 없음을 보고 하쓰꼬는 방 안을 휘둘러보고는 이상하다는 듯이 나에게 물었 다.

"옆 방으로 들어갔습니다."

"네, 그렇습니까?"

하쓰꼬는 일어서서 장지문을 열었다.

"사도꼬, 손님을 혼자 계시게 하고 이게 무슨 짓이냐! 너희들 부녀(父女)는 어디까지 나를 괴롭히면 속이 시원하다는 거냐!"

라고 말하면서 침대 속에 들어가 있는 사도꼬의 이불을 와락 벗기고, 머리채를 휘어잡고는 그녀를 침대에서 끌어 내렸다.

"이게 무슨 짓이예요! 제가 무얼했다는 거죠. 아버지에게 야단맞았다고 해서 저에게 심하게 구실 것은 없잖아요? 저를 바보 취급하지 마세요!"

사도꼬의 두 눈은 치켜 올라가고 어머니에게 덤벼들 기세였다.

험악한 분위기에 나는 두 사람 사이에 끼어 들면서,

"부인 잠깐만 기다려 주세요. 감정적이 되어서는 안됩니다. 사도꼬양은 누워 있어요, 걱정하지 말고……"

하고 말하자,

"당신은 누구요? 어서 이 집에서 나가라구——"

사도꼬의 손이 나의 뺨을 사정없이 후려쳤다. 여자라고 하기보다는 남자와 같이 매서운 손길이었다.

"얘야, 너 이게 무슨 짓이냐!"

하쓰꼬의 마음이 흥분되어 딸의 머리채를 휘어잡으려고 했다.

"부인, 침착하셔야 합니다."

내가 하쓰꼬를 말리자, 그녀는 그 자리에 쓰러지더니 그대로 울음을 터뜨리고 마는 것이었다.

사도꼬를 보니, 그녀는 그 자리에 떡 버티고 선 채 차거운 눈초리로 자기 어머니를 노려보고 있었다.

바라보고만 있으면 또 괜찮겠는데 사도꼬의 입에서 흘러 나온 말은 이미 사도꼬 자신의 말이 아니었다.

"제길헐 어머니라구, 사람 웃기지 말라구요. 너 같은 계집이 나의 어머니라니, 정말 사람 웃기네요. 얌전하게 하고 있으니까 마구 야단을 치고 화를 내면 울고——. 뭐야 나에게는 에미 애비도 없단 말이다. 어렸을 때 버려져서 줏어준 양부모는 가난뱅이었다. 나를 파먹으며 살아간 거야. 내가 고생한 것은 알게 뭐야. 거기 울고 있는 여인이여, 너도 자식을 버리려고 생각하고 있는 거지. 너희들 부부는 이제 새삼스레 나를 자식이라고 생각하고 있다는 게 대체 잘못인 거야. 실컷 울어라, 실컷 말이다, 정말 꼴 좋구나! 영감은 말이다, 밖에서 술이나 마시고 너 따위에 대해서는 터럭 만큼도 생각하고 있지 않은 거야. 흥 재미있구나. 좀더 괴로워해라, 실컷 울라구!"

사도꼬의 인격이 바뀌어 악령이 사도꼬의 입을 빌어서 이야기를 하고 있는 게 분명했다.

그 말하는 것은 악령 자신이 겪고 있는 고통과 사도꼬의 고통이 한데 범벅이 되어서 잘 듣지 않으면 이야기의 줄거리를 파악할 수가 없었다.

"서 있지 말고 거기 앉아요. 그렇게 화만 내지 말고 자아 침대에 걸터 앉아서 천천히 이야기합시다. 그러니까 당신이 태어난 곳은……"

하고 내가 물으니까,

"시끄럽다! 네녀석은 누구냐? 남의 집에 마음대로 들어와서, 얼른 꺼지지 못하겠어?"

영 다루기가 힘이 든다.

완전히 악령에게 지배당하고만 것이 분명했다.

사도꼬의 심상치 않은 말에 하쓰꼬는 우는 것을 멈추고 내 행동을 지켜볼 뿐이었다.

"부인, 당신은 가만히 보고만 계세요. 사도꼬양을 지배하고 있는 것은 따님의 마음이 아닙니다. 저에게는 분명히 보이니까 걱정 없습니다."

사도꼬의 성격이 갑자기 심하게 변하는 일은 그동안 여러 번 있었다. 어떻게 해서 그렇게 되는지는 알수가 없었던 것이다. 사람의 마음은 라디오의 다이얼과 같은 것이어서, 지옥에 파장이 맞추어지면 악령이 나타나고, 조화를 이루면 천사가 작용을 하게 된다. 보통은 이런 사실을 알지 못한다.

정신이상은 머리가 돌기 때문에 생기는 것이라고 생각하기 쉬우나, 물론 뇌에 상처가 생기거나, 뇌의 기능이 작용하지 않게 되면 정신착란 상태가 되는 경우도 있기는 하다. 뇌라고 하는 기능이 충분히 작용하지 않으므로서, 마음이 내리는 지령을 완수하지 못하기 때문이다. 그러나 사도꼬의 경우는 뇌기능의 상해(傷害)에서 비롯된 현상은 아니었다. 마음에 상처가 생긴 때문이었다. 그 상처는 이미 이야기해 온 바와 같이 가정의 부조화에서 비롯된 것이었다.

"너는 누구냐? 나에게 얻어맞고도 화를 안 낸다는 것은 무슨 까닭이냐? 너는 아주 바보로구나 하하하……"

사도꼬를 지배하고 있는 것은 사내가 분명했다.

이야기의 실마리를 악령이 말해 왔으므로, 이것이 좋은 기회라고 생각하여 나는 이야기하기 시작했다.

"당신이 내 얼굴을 때린 것을 기억하고 있구려."

"그야 물론이지. 어째서 너는 화를 내지 않지?"

"나는 화를 내지 않는다. 당신도 손이 아팠을 게다."

"그야 아프지. 저 계집이 제멋대로 굴기 때문에 나도 그만 화가 난 거야. 너도 나를 방해하고 말이야."

"부인과 나한테 화를 내어서 기분이 좋은가?"

"나는 화를 내고 있는 편이 기분이 좋다. 약해 가지고는 이 세상은 살아 갈 수 없는 것이거든."

"당신은 언제 죽었지? 나에게 알려 주었으면 좋겠는데."

" 나 말인가?"

"그래요!"

"나는 말이야, 죽지는 않았어. 이와 같이 살아 있지 않나. 너 머리가 돈 게 아니야. 나는 지금 이렇게 살고 있거든."

악령은 나의 질문에 약간 고개를 기울이더니 다시 이야기를 계속한다.

"너 참 용케 나를 찾아 내었구나. 너는 참 이상한 사내다. 지금까지 우리들의 정체를 알아 낸 녀석이 없었는데. 그러나 우리들 일에 너무 깊이 간섭하지 않는 게 몸에 좋을 게야. 너를 위해서 주의를 하는 거다."

악령은 나에게 협박을 해 왔다.

이유는 간단하다. 그들의 거처를 나에게 빼앗기게 된다고 생각했기에 협박을 해 온 것이었다.

하지만 4차원의 세계에는 그 세계의 규칙이 있다. 내 마음 속에 노여움·시샘·비난하는 마음과 욕망이 없으면 그들은 나를 침범할 수는 없는 터였다.

만일 나에게 조화를 이루지 못한 마음이 싹터서 그러한 생활을 보내게 되면 나의 마음도 그들에게 짓밟히게 될 것이다.

"당신은 이 세상 사람은 아니지 않소? 언제 이승에서 떠났지요?"

"나는 살아 있다고 말했잖아. 지금 이와 같이 이야기하고 있지 않아? 나를 무시하지 말라구! 나를 죽일 작정이야, 응?"

"그렇게 화를 내지 마라. 화를 내면 몸에 좋지 않거든. 자아 침착하라구."

화를 내기 쉬운 것은 악령의 특징이거니와 언제까지나 악령에게 완전히 지배당하고 있으면 사도꼬의 몸이 위험해진다.

지켜보고 있던 하쓰꼬는 슬픔에 잠겨 있었으나,

"사도꼬, 정신을 다시 차려다오. 엄마가 걱정하고 있는 것을 알 수 있겠지. 다정했던 사도꼬로 돌아와다오——"

하고는 그만 목이 메이고 말았다.

"나는 말이야, 엄마는 없어. 그럴듯한 소리를 해도 나를 속일 수는 없어. 나는 사도꼬가 아니다, 하하하……"

"그대는 이름이 뭐지. 젊은 것 같은데."

"응, 나는 젊다. 이름 같은 것은 잊어버렸다. 이름을 알아보았자 아무 소용도 없거든. 너는 참 되게 호기심이 많은 녀석이로구나, 내 버려 두라구."

"그대를 내 버려 둘 수는 없다. 그대가 행복하게 되기 위해서는 옛날 기억이 되살아나도록 해 주겠다."

나는 사도꼬의 곁에 앉자 그녀의 머리 앞 뒤를 손바닥으로 감싸 주면서 기도를 올렸다.

"하느님이시여, 이 자의 마음에 조화와 평온함을 베풀어 주시옵소서.

빛을 비추어 주옵소서. 저희들은, 이 지상세계에 부모와 인연을 맺고, 육체를 부여받아서 어느 편으로도 치우치지 않은 중용의 길을, 마음과 행동의 저울로 삼아서 풍요한 마음을 이룩하고, 하느님의 몸이신 이승세계에서 사람들의 마음과 마음이 조화된 낙원인 부처님의 땅을 이룩하기 위하여 태어났습니다. 그렇건만, 태어난 환경·교육·사상·습관 속에서 우리를 살려 주고 있는 일체의 환경에 대해서 감사하는 일이 없이 남을 원망하고, 시기하고, 비난하고, 화를 내고, 불평을 말하면서 만족할 줄을 모르는 상태에서 욕망이 이끄는 대로 올바른 마음과 행동을 잊어버리고 많은 죄를 지어 왔습니다. 하느님이시여, 우리들의 지은 죄를 용서하여 주시옵소서. 저희들은 이제부터, 하느님의 마음이신 올바른 법을 기준 삼아서, 생각과 행동이 옳은 생활을 하도록 하겠습니다. 고바야시 사도꼬(小林里子)에게 빙의되어 있는 악령이여——. 당신네들은 인생에 있어서, 올바른 길을 걷는 것을 잊어버리고, 욕망이 시키는 대로 인생을 보내고, 스스로 만들어 낸 조화를 이루지 못한 상념과 행위에 의하여 마음 속에 그늘을 만들어서, 하느님의 빛을 차단하여, 어두운 지옥계를 스스로 만들어 내어서 괴로워하고 있습니다. 그대들에게도 자기 자신에게 거짓말을 할 수 없는 착한 마음이 있을 것입니다. 그 착한 마음은 하느님의 자녀이며 부처님의 자녀인 증거인 것입니다. 자기 자신의 마음에 대하여 거짓말을 할 수 없는 착한 마음으로 돌아가서, 지나온 인생에서 행해 온 자기 생각과 행동의 하나 하나를 돌아다보고, 잘못된 것이 있다고 생각되면 하느님께 사과를 드리고, 두번 다시 마음 속에 그늘을 만들지 않도록 하십시오. 대우주, 대신령불(大神靈佛)이여! 제여래(諸如來), 제보살(諸菩薩), 빛의 천사들이여! 길을 찾지 못하여 헤매고 있는 영혼을 용서해 주사이다. 마음에 빛을 비추어 주십시요."

나는 정성을 다해 기도를 드렸다.

그때였다. 사도꼬의 얼굴에 혈색이 돌아오고 자기 자신의 정신으로 되돌아 온 것이었다.

"아, 제 귀 곁에서 남자의 목소리가 들려온다."

고 하면서 신경을 귀에 집중시키는 게 아닌가.

"사도꼬양, 설사 목소리가 들려오더라도 마음 속에서 이야기를 걸어서는 안됩니다. 절대로 이야기를 해서는 안됩니다."

내가 이렇게 말하니까, 사도꼬는 비로소 나의 존재를 알아보고 나의 얼굴을 눈부신듯이 바라보는 것이었다.

"실례지만 누구십니까?"

사도꼬는 간신히 자기 자신으로 되돌아 온 것이었다.

"얘야, 네 병때문에 일부러 찾아와 주신 다까이시 선생님이시다."

"사도꼬, 정말 다행이다. 빨리 건강해져야겠다."

어머니인 하쓰꼬도 겨우 마음을 가라앉히고 웃는 얼굴을 지어 보인다.

"사도꼬양, 아직도 목소리가 들려옵니까?"

"네, 몇 사람의 목소리가 제 귀 곁에서 들려오고 있습니다. 아까의 남자 목소리도 들립니다. 빛이 와 있으니까 떨어져야겠다, 빛이 와 있으니까 위험하다, 도망치자, 도망치자고 말하고 있습니다."

"그렇습니다. 지옥 속에 떨어진 망령(亡靈)들입니다. 그들은 피도 눈물도 없는 위선자의 집단입니다. 이 세상에 살아 있는 사람들의 마음을 미치게 만들고, 육체적인 부조화를 만들고 있는 악마들입니다. 그와 같은 조화를 이루지 못한 파동(波動)을 받게 된 생각이나 행동을 우선 바로잡지 않으면 안됩니다. 사도꼬양의 생각에 문제가 있다고 하겠습니다."

사도꼬는 내가 하는 이야기보다는, 귀 곁에서 소근거리는 악령의 이야기가 걸리는 듯, 내가 하는 이야기를 건성으로 듣고 있었다. 조울증이 되면, 아까와 같이 자기 자신을 잃지만, 악령들이 앞을 다투어 서로 교대로 마음을 지배하기 시작하면, 완전한 정신분열 상태에 빠지고 마는 것이다.

끼리끼리 모인다

육체의 지배자는 한 사람이고, 그것도 사도꼬의 육체는 사도꼬 자신의 것인 게 분명하다.

그것이 몇 사람의 인간들이 서로 교대로 차지하게 되면 그 생각이나 행동이 엉망이 될 것은 너무나도 당연한 일이 아닐 수 없다.

"사도꼬양, 사도꼬양!"

나는 그녀에게 말을 걸었다.

"네…… 네."

사도꼬는 악령이 하는 이야기를 듣고 있었다. 그 때문에 내가 하는 말이 그녀에게 전해져서 대답이 돌아오기까지는 몇초가 걸렸다.

"사도꼬양, 그들은 무슨 이야기를 하고 있습니까?"

"네, 여기 있으면 위험하다, 저 앞에 빛이 있다, 분해당하고 마니까 여기서 도망치자; 빛이 없어지거든 다시 오도록 하자. 이런 이야기를 하고 있었습니다. 저의 환각일까요?"

내가 생각했던 그대로였다.

"사도꼬양, 당신은 그들에게 가까이 가서는 안됩니다. 당신이 그들과 이야기를 나누면 나눌수록 당신은 자기 자신을 잃게 됩니다. 절대로 이야기를 해서는 안됩니다."

"그렇게 말씀하시기는 하지만, 들려오니까 어쩔 수가 없습니다. 귀를 틀어막아도 들려오는 겁니다. 어떻게 했으면 좋겠습니까?"

"문제는, 당신 자신이 육체를 가진 사람들의 이야기만 듣도록 하면 되는 것입니다."

"하지만 그렇게 나쁜 이야기만 하는 것은 아닙니다. 좋은 것도 가르쳐 줍니다."

"그야 그렇겠지요. 그들은 당신의 마음을 자기들 쪽을 항상 향하게 해 두면, 그들은 당신의 마음을 자유스럽게 할 수가 있으니까요. 그러나 당신은 그들의 이야기를 듣고 있을 때는 좋지만, 가끔 가다 자기 자신을 잃었을 때는 어둡고 괴로운 자신을 발견하게 되죠."

"그렇습니다. 하지만 그것은 그들 탓만은 아니라고 생각합니다."

"물론입니다. 당신의 마음이 증오와 노여움에 불타고 있기 때문에 그렇게 되는 것입니다. 그러나 잘 생각해 보세요. 당신이 지금과 같은 상태가 된 것은 공포심과 증오심으로 자기 자신의 마음의 문을 닫았을 때부터입니다. 지금의 자기 자신을 객관적으로 보아서 당신은 스스로를 행복하다고는 생각할 수 없을 겁니다. 어째서 나는 이렇게 변한 것일까, 어째서 바깥에 나가서 여러 사람들과 즐겁게 이야기도 나누지 못하고 노래도 부를 수 없게 된 것일까, 하고 당신은 생각하지 않습니까? 하지만 그런 생각을 하면 틀림없이 방안에는 사람도 없는데 지금과 같이 남자의 목소리가 들려오곤 했을 겁니다. 그렇죠?"

"그러고 보니 그렇군요. 저는 불행합니다."

"당신이 그들 악령의 목소리에 귀를 기울이지 않게 되면 그들은 당신을 협박해 오겠지만 두려워해서는 안됩니다. 두려워하게 되면 악령의 뜻대로 되게 됩니다. 밤에도 푹 잠을 잘 수 있게 되고, 머리도 깨끗해집니다. 그들은 여러 가지 이야기를 해서 당신의 관심을 끌려고 하겠지만 절대로 마음으로 용서해서는 안됩니다."

사도꼬의 괴로움의 시초는 부모하고의 대화가 아주 끊어졌을 때부터였다.

1년 내내 부부싸움은 그치지 않았고 사도꼬가 무슨 말을 하려고 하면 아버지도 어머니도 마구 고함을 질렀고, 때로는 폭력을 휘두르곤 했던 것이었다.

사도꼬는 결국 자기의 고민을 아무에게도 털어 놓을 수가 없게 되어 차차 자기 자신 속에 스스로를 가두게 되었던 것이었다. 그러자 모습이 없는 사람의 목소리가 들리기 시작하여 그들 악령들과 이야기를 나누게 되었음이 분명하다.

대개의 경우, 그 목소리는 형제자매 가운데 누군가의 목소리와 비슷하기 마련이어서 그 때문에 자기도 모르는 사이에 그 말을 믿게 되어 버리는 것이다.

맨 처음에는 환각과 같은 생각이 되지만, 누군가가 이야기하는 것처럼 아주 뚜렷하게 들리고, 그 화제도 자기가 관심을 갖고 있는 것에 한정이 되어 있기 때문에 자기도 모르는 사이에 보이지 않는 세계에 마음을 빼앗기게 되는 것이다.

"사도꼬양, 내가 말하는 것을 알아 들었지요? 육체를 가진 사람이 아닌 존재하고는 이야기를 하지 말 것, 듣지 않아야 합니다. 잘 아는 사람의 목소리가 귀 곁에서 들려오더라도 그 목소리는 악령의 것이라고 생각해야 합니다. 알아들었지요?"

사도꼬에게는 아직 잘 이해가 되지 않는 모양이었다.

그럴 수밖에 없는 일이다. 그들과의 교제는 어제 오늘에 시작된 게 아니니까 말이다. 그러나 그렇다고 해서 내 버려 두면 두번 다시 자기 자신을 되찾을 수가 없다. 폐인이 될 수밖에 없는 것이다. 그리하여 머지 않아 사도꼬 자신도 악령들 속에 함께 끼어 들게 되어 오랜 동안, 그곳에서 괴로운 생활을 계속하지 않으면 안되게 되는 것이다.

아니 그뿐만 아니라, 이번에는 빙의령이 되어서 사람들의 마음을 어지럽히는 악마로 타락할지도 모르는 일인 것이다.

이것은 사도꼬에게 있어서, 또한 사도꼬에게 빙의당한 사람에게도 불행한 일인 것이며, 지상계의 생활을 더욱 혼란하게 만드는 것이 된다.

흔히 버스 안에서 보는 일인데 혼자 빙글빙글 웃기도 하고 때로는 화를 내기도 하고 중얼거리기도 하는 사람들을 보는 일이 있는데, 이들은 사도꼬와 같은 경우에 놓인 사람이라고 보면 틀림이 없다.

다만 다소 틀리는 점이 있다면, 사도꼬의 경우는 항상 그런 상태에 놓여 있는 것이고, 중얼중얼 빙글빙글 웃는 사람들은 마음의 바늘이 움직였을 때에만 악령과의 대화가 시작되는 것이라고 할 수가 있다. 그러나 머지 않아 이러한 사람들도 사도꼬와 마찬가지로 직장에 나가는 것도 사람들과 이야기를 나누는 것도 불가능해지게 된다.

또한 항간의 자칭 신이라는 사람들의 경우도, 악령들이 그럴듯한 소리를 하고 있는데 지나지 않는다.

신이나 부처를 자칭하는 경우는 거의 전부 악령이라고 생각하면 틀림이 없다.

벌을 내린다고 협박을 하거나, 제사를 올릴 것을 강요하거나, 함부로 돈을 요구하거나, 살아 있는 신인 체하는 경우 등 악령들은 여러 가지 형태를 나타낸다. 절대로 이런 것을 믿어서는 안된다.

"사도꼬양, 아무리 달콤한 소리를 해도 믿어서는 안됩니다. 당신이 생각하는 것을 그들은 모두 알고 있습니다. 그러기에 당신의 마음이 움직이기 쉽도록 달콤한 이야기를 들려주는 것입니다. 그러나 그들이 말하는 것은, 사실 그대로 되지는 않지요. 거짓말 투성이로 당신은 계속 속아오기만 한 것입니다. 지금까지 목을 조르기도 했을 게고 하느님이라는 강박도 당했을 것이고 여러 가지 일들이 있었겠지만, 당신은 가까이에 있는 육체를 가진 사람들의 말을 믿어야 하는 것입니다."

"정말 악령일까요?"

"현재의 당신은 행복합니까? 주관적으로 보나 객관적으로 보나 결코 행복하지는 않을 겁니다. 갑자기 자기가 누군지 모르게 되거나, 머리가 무겁고 몸은 노곤해집니다. 만일 의문이 있거든 곁에 있는 자에게 물어보세요."

그녀는 내가 시키는 대로 마음 속에서 문답을 시작했다.

보통은 이런 일은 위험하지만, 내가 감시하고 있으니까 걱정할 필요는 없다.

"들통이 났으니까 할 수 없지. 우리는 지옥에 살고 있다."

그녀의 마음 속에서 속삭여진 말이었다. 이야기는 계속된다.

"우리들은 지금도 살아 있다. 사람의 몸 속이나, 집이나, 무덤, 절 안에 무덤이나 절은 무서운 데가 많다. 사람의 몸 속에 들어가 있는 것이 제일 편하다. 빛이 있는 사람 속에는 들어갈 수가 없다. 어두운 마음을 가진 사람 속에 들어가는 수밖에 없다. 인간을 지배하는 데는 지배할 만한 이유가 있는 거다."

머리와 마음은 다른 것

사도꼬는 처음으로 무섭다고 생각했다. 지금까지는 이런 이야기는 한 번도 들은 일이 없었고, 첫째 그들에게 있어서 입장이 난처한 이런 속 이야기를 절대로 해 주었을 까닭이 없었기 때문이었다.

"알아들었지요? 악령이란 그런 것입니다. 그러나 공포심을 가져서는 안됩니다. 공포심은 자기 중심, 자기보존의 마음이 만들어 내는 것입니다. 인간을 지배하게 되는 데는 그럴만한 까닭이 있다고 악령이 말했지요. 사도꼬양에게도 이유가 있는 것입니다."

"무엇일까요? 모르겠는데요."

"당신이 마음 속에서 생각하는 것과 일상생활에 원인이 있는 겁니다."

"원인은 무엇일까요?"

사도꼬의 마음 속에 의문이 생겨나기 시작했다. 정신병이나 노이로제 환자는 이런 의문을 갖는 일이 전혀 없으며, 사물을 객관적으로 볼 수가 없다.

하지만 그런 사도꼬가 마음의 긴장을 풀고, 나의 이야기를 듣게 되었고, 의문조차 갖게 된 것이다.

그 뒤는 끈기있게 애정을 가지고 굳게 닫혀진 그녀의 마음을 열게 하는 수 밖에 없다.

"병의 씨앗은 당신이 뿌린 겁니다. 당신은 자기 마음의 왕국의 지배자이고, 임금이니까 좋게도 나쁘게도 할 수가 있는 겁니다."

"마음이란 무엇일까요?"

사도꼬는 자기의 마음을 잘 이해하고 있지 않지만, 그러나 한편으로 생각해 보면, 사람의 마음을 정말로 이해하고 있는 사람은 아주 적다.

만일 마음의 실상(實相)을 이해하고 있다면 투쟁이나 미움 같은 것이 생겨날 까닭이 없다. 마음이 무엇인지 모르기에 그 마음을 악령에게 지배당하고 마는 것이다.

"당신의 육체라는 배를 지배하고 있는 사공(혼) 속에 마음이 있는 것입니다. 당신의 병은 지금 쓰고 있는 육체라는 배가 아니라 사공의 마음에서 비롯된 병입니다. 마음의 병은 생각하는 것이나 행동하는 일에 올바른 기준이 없어서, 모르기 때문에 자기 자신이 만들어 내고 맙니다. 당신은 자기의 마음이 어디 있다고 생각합니까?"

나는 사도꼬의 마음을 나에게 돌리게 하기 위하여 되도록 본인 자신의 생각을 본인의 말로 표현하도록 노력했다.

사도꼬는 잠시 생각에 잠긴 다음,

"생각하는 일이나, 가슴 속에 간직하는 일은 머리에서 하는 게 아닐까요? 기억도 머리속에 있고……. 마음도 머리 속에 있다고 생각됩니다. 제가 제자신을 잃어버리게 될 때는, 언제나 머리가 무거워지고 제자신의 사고능력을 잃게 되곤 했으니까요."

"그러면 사도꼬 양은 슬퍼질 때나, 기쁠 때에 눈물을 흘린 적이 있겠지요. 그때에는 머리에서 솟아 올라왔겠군요."

"아아뇨, 이 근처였어요."

하고 자기 가슴에 손을 대는 것이었다.

"그러셨겠죠. 머리 꼭대기에서 무엇이 솟아 오를 까닭은 없지요. 역시 가슴 속에서 감정이 솟구쳐 올라오는 법입니다. 마음은 머리에 있는 게 아니고 가슴 근처에 있다는 게 되겠군요."

사도꼬는 내가 하는 이야기에 귀를 기울이고 있었다. 지금의 사도꼬는 제정신으로 돌아온 상태였다.

원인은 마음가짐에

창밖은 벌써 해가 지고, 가까운 곳에서 비춰 오는 붉은 네

온 불빛이 유리창을 물들이고 있었다.

물질에 마음을 빼앗긴 사람들의 애처로운 모습은, 자기 자신의 본성까지도 잊어버리고 만다. 마음의 병은 비단 사도꼬 혼자만의 문제는 아닌 것이며, 문명이 발달됨에 따라서 인생의 가치관은 반대로 희미해져 가는 것이다.

인생의 가치관을 알려면, 인간으로 태어나게 된 목적과 사명이 무엇인지를 우선 이해할 필요가 있다. 사람으로 태어나게 된 목적과 사명이 무엇인지 이해를 하지 못하기 때문에, 육체가 지닌 오관번뇌(五官煩惱)가 이끄는 대로 욕망을 채우는 인생을 살게 된다.

권력 · 물질 · 정욕, 그 밖의 여러 가지 자아 욕망은 이른바 마음 밖의 허구(虛構)의 세계인 것이며, 허구란 본래 꿈의 세계이니까 이것으로 좋다는 한계가 없게 마련이다.

욕망에 마음이 사로잡히어 이것에 휘둘리게 되면, 자연히 자기중심이 되어 상대를 밀어 떨어뜨리고서라도 자기의 꿈을 이루려고 한다.

꿈이 이루어져 만족을 하게 되는가 하면 만족을 하지 않게 된다. 본래 꿈이란 생각의 세계이며, 생각은 더 큰 생각을 낳게 하는 것이기 때문이다. 이것을 순환의 법칙이라고 한다.

자기보존의 생각은 자기보존의 생각을 되풀이하게 된다. 그 되풀이는 어디에선가 정지하지 않는 한, 머무를 줄을 모른다.

자기중심인 욕망에 사로잡힌 생각은 상대를 고려하지 않는다. 자기만 좋으면 남이야 아무래도 좋다는 것이며, 그 때문에 욕망이 이루어지지 않을 때는 마음의 초조가 눈에 띄게 된다. 원망 · 질투 · 비난 · 노여움 · 불평, 이런 상념은 투쟁과 파괴의 길과 연결이 되는 것이다.

욕망의 염(念)이 강한 사람일수록 자기가 겪는 괴로움의 원인을 남에게 씌우려고 하는 법이다. 괴로움의 원인은 스스로가 만들어 낸 상념과 행위에 있다는 사실을 알려고 하지 않기 때문이다. 그러나 우리들이 살고 있는 세계는 온갖 면에 걸쳐서 항상 순환의 법칙이 작용하고 있음을 알아야 한다.

원인과 결과, 작용과 반작용, 인과(因果)는 윤회하고 있다는 사실을 알아야 한다.

인과(因果)의 순환을 인간에게 있어서 마음 평온한 것으로 만들기 위해서는, 그 사념(思念)과 행위가 남을 살려 주고 서로 돕는 '사랑'의 중용의 이념(理念)에서 벗어나서는 안되는 것이라고 생각한다. '사랑'이라고 하는 중용의 이념에서 벗어나게 되면 괴로움이 생기게 된다.

모든 사람들이 마음 속에 그리는 것, 소망하는 것은 자유이다. 아무런 제약도 없는 행위에 대해서는 사회질서를 유지하기 위해 법률이라고 하는 제약이 가해지고 있다.

그러나 사념에 대해서도, 선(善)은 선, 악(惡)은 악이라는 순환의 법칙이 존재하고 있는 것이며, 중용은 선악을 넘어선 사랑에 의해 밸런스(균형)가 유지되고 있는 것이다.

조화된 사랑의 균형을 잃게 되면 고뇌의 씨앗이 마음과 육체에 영향을 끼치게 되는 것이다. 철학이나 종교는 마음 속에서 일어나는 사념과 행위에 대하여 이야기하고 있지만, 오늘날과 같이 신심(信心)이나 신앙의 형태가 타력에 의존하는 게 본연의 것이 되면, 참된 마음과 마음에 의해 빚어지는 여러 가지 파문에 대해서 이해하기 힘들게 된다.

그 까닭은, 자기 마음 속에서 은밀히 그리는 것, 생각하는 것, 생활이나 행위에 대하여 올바른 기준을 무시하여, 육체의 부속품인 오관번뇌를 따라서 생활하게 되기 때문인 것이다.

사도꼬의 부모를 보아도 알 수 있듯이, 자기의 번뇌가 시키는 대로, 감정이 시키는 대로 살고 있는 자기 본위의 생활인 것이다.

자기 입장이 난처한 일은 이를 일체 거부하고, 모든 것이 자기 본위로 살고 있는 것이다.

이러한 사람들을 위아(僞我)의 생활자라고 부른다. 거짓된 생활에서는 마음의 평온은 얻을 수 없게 마련이다.

자기가 원하는 대로 되지 않는다고 해서, 거기서 도피하려고 해도 자기의 마음의 세계로 부터 본래 인간은 도망쳐 나올 수 없게 되어 있는 것이다.

사도꼬의 아버지는 술을 마시므로서 마음의 울분을 풀려고 하지만, 술에서 깨어나면 또다시 고통이 마음 속을 지배하게 마련이다.

천식의 발작이나 치통(齒痛)을 멎게하려고 진통제를 먹거나 주사를 맞아도 한때의 효과는 있지만 지속성은 없는 법이다. 근본적인 치료는 천식이나 치통의 원인을 아주 없애지 않는 한 고통은 또다시 돌아오게 되는 것이다.

사도꼬의 가정은 지금까지 보아온 바와 같이 부모를 비롯하여 가족들 사이에 대화가 없고, 서로가 저마다 자기 보존의 정신이 강하고 또한 어둡고 차가웠다. 부모와 자식 사이에 자비심과 사랑의 행위가 없었기 때문이다.

물질적으로는 풍족하여 남이 보면 사랑이 넘치는 것과 같이 보이는 집이 있는데, 한 걸음 집안에 들어가서 한 지붕 아래에서 생활해 보면, 안과 바깥은 아주 다른 형편없는 집들이 많다. 요즈음은 이와 같은 가정이 많은 게 아닐까?

사도꼬의 집안도 얼핏 보아서는 별다른 것이 없는 것처럼 보이나, 한 발자국 집 안에 발을 들여 놓으면, 가족끼리의 따뜻한 마음의 교류가 전혀 없다.

인간이란 무엇인가? 또한 어떻게 처신을 해야 할 것인가? 생각과 그 행위에 올바른 기준이 없는 탓으로 집안 식구들의 마음이 서로 갈라진다.

노이로제나 정신병자의 대부분은 이와 같은 환경 속에서 자라고 성장해온 사람들이다.

마음의 세계는 이 세상뿐만이 아니라 눈에 보이지 않는 저승으로도 통하고 있다. 그런 탓으로 어두운 가정에서는 그와 비슷한 종류의 악령이 모이고 조화되지 못한 파동을 가정 안으로 불러 들이는 꼴이 된다. 그러면 집안은 더욱 더 어지러워지기만 한다.

마음의 눈, 다시 말해서 심안(心眼)으로 보면 이 사실을 매우 똑똑히 잡을 수 있는 것이다.

그나 그뿐이랴! 악령의 마음 속까지도 확인할 수 있다. 다시 말해서 그 악령이 무엇을 생각하고, 무엇을 머리 속에 간직하며 어째서 그곳에 있는가 하는 것도 충분히 알 수 있는 것이다. 조화된 생활을 보내고 있으면 이 현상은 반대가 된다.

흔히 사람들은 두 손을 모으려 한다. 이른바 합장을 한다.

합장은 무엇 때문에 하는 것일까? 경배하기 위해서일까, 아니면 경건한 기분을 나타내기 위해서인가?

합장은 오른쪽으로도 왼쪽으로도 기울어지지 않은 조화를 뜻하며 그것은 바로 중용을 가리키고 있는 것이다. 다시 말해서 합장이란 자기 자신이 오른쪽이나 왼쪽으로 기울어지지 않는 생활을 자신이 스스로에게 맹세하는 것이다.

염불을 올리는 경우에도 합장을 하면서 올리지만, 염불을 아무리 올려도 마음의 안식은 얻을 수 없다. 마음의 안식은 스스로가 조화된 중용의 생활을 하는 속에서 생기는 것이다.

불평이나 노여움이나, 만족할 줄 모르는 욕망을 앞세운 극단적인 사념과 행위에서는 결코 마음의 평안이란 있을 수 없다. 그럼에도 불구하고, 사람들은 조화된 마음과는 동떨어진 생각이나 행위를 하면서 염불이나 합장을 하고 있다. 이래서야 아무리 시간이 흘러도 자기 자신의 생활은 조화되지 않는다.

사도꼬의 부모도, 자기 중심의 편협한 생각과 행위를 자기의 위아(僞我)로서 사도꼬에게 강요하면서 키워 온 것이다.

사도꼬를 구하기 위해서는 우선 부모의 마음을 개조하고 집안의 분위기를 밝게 만들 필요가 있었다.

악의 파동

"사도꼬양, 당신은 늘 마음이 뒤숭숭하고 자기가 자기를 억제할 수 없는 일이 자주 있죠?"

"네, 나이면서도 나 자신이 아니며 남 같아서, 자신을 잃어버리고 맙니다. 아무 것도 아닌 일인데 갑자기 마음이 뒤숭숭하고 초조해져서 화를 내고 싶고 스스로도 걷잡을 수 없게 됩니다."

"하지만 뒤숭숭하고 초조해지는 원인을 사도꼬양이 만들고 있는 것이지요?"

"글쎄 모르겠어요."

"조금 전에 어머니가 사도꼬양을 꾸중했을 때 마음 속으로 '아이 분해', 하고 반항했었죠?"

"그렇게 말씀하시지만, 느닷없이 내 머리채를 잡고 침대에서 끌어 내리는 걸요……. 분하죠. 하지만 그때 마음이 뒤숭숭하고 초조해지면, 그 순간 이미 이성을 잃고 맙니다. 그런 일이 자주 있습니다."

사도꼬의 기분은 잘 알 수 있었다. 우선 열이면 열 사람, 모두가 느닷없이 남에게 욕을 먹거나 매를 맞는다면, 누구나 반항하고, 자기를 보호하려고 할 것이다.

오늘날에는 이것을 인간의 인권, 혹은 자위권이라는 형식으로 법률이 보장하고 있는 셈이지만 폭력에 폭력으로 맞선다면, 결국은 자기 자신을 잃고 마는 결과가 된다.

폭력이 행사될 때에는, 그만한 원인이 있는 법이다. 그것이 상대에게만 있고 이쪽에는 없다는 그런 법은 없다.

그런 탓으로 사도꼬의 경우 어머니에게 머리를 끄들리고, 반사적으로 그곳에서 벗어나겠다, 분하다는 감정을 나타내기 전에 어째서 그렇게 된 것일까 하고 생각해 보는 마음의 여유가 바람직한 일이다.

그러기 위해서는 평상시부터 그런 마음을 볼 줄 아는 반성하는 생활이 없이는 마음이 감정의 진흙 속에 빠지고 사도꼬의 입에서 나온 것같이, 자기가 무엇을 하고 있는 것인지 조차도 알수 없게 된다.

그렇게 되면 마음은 항상 감정의 분노가 증오심의 소용돌이 속에서 지배되고 저승의 악령과 통하고 마는 마음이 되고 만다.

악령과 통하게 되면, 마침내 밤에는 잠을 이루지 못하고 낮에는 멍청해져서 악령의 지배를 받고 식물처럼 무기력하고 무자각한, 그저 저기 사람이 있구나, 하는 정도의 폐인과도 같은 형편이 되고 만다.

사도꼬의 경우는 완전한 폐인이 아니라 외부로부터의 충격으로, 평상시부터 마음속에 고여 있는 분노, 증오의 감정이 겉으로 나와 악령과 하나가 되는 탓으로 그 반항하는 방법도 한층 더 요란한 법이다.

나는 사도꼬에게 말했다.

"사도꼬양, 어머니가 사도꼬양의 머리를 끄들었을 때, 내가 어째서 꾸중을 듣는 걸까? 왜 그럴까? 하는 생각이 들지 않는 그 마음은 잘 알겠어요. 하지만 말이야, 마음 속까지는 아프지 않았을 거요. 오히려 사도꼬양의 머리를 잡아다녀서, 그것으로 자기의 기분을 얼버무리려는 어머니의 감정적인 기분에 동정을 해 줄 만한 마음의 여유를 갖는 게 바람직한 일이예요. 사도꼬양의 병을 고치기 위해서는 이 일은 아주 중요한 일이예요."

"예, 저란 인간은 쓸모가 없는 거예요. 금방 이성을 잃고마니까요……."

"그것이 바로 좋지 않은 점이예요. 보고, 듣고, 생각하고, 말하는 것들을 차분히 마음을 가라앉히고 상대방의 기분을 생각하고 판단하는 일이 안된다면 당신 자신은 구제받기가 불가능하게 됩니다. 자기의 감정을 섞어서 판단하면 늘 삐뚤어진 결과밖에 얻지 못합니다. 자기에게 불리한 말을 들으면 화를 내고, 화는 투쟁을 낳으며, 투쟁은 파괴로 발전하고 맙니다. 파괴는 괴로움이겠지요. 분노한 마음은 지옥의 아수라를 부르고 사도꼬양의 몸을 지배하고야 말게 됩니다. 이윽고 사도꼬양 자신이 육체적으로나, 정신적으로 갖가지 고뇌를 만들어 내고 맙니다."

"전 모르겠어요. 머리 속이 복잡해지고 말았어요."

"사도꼬양, 그렇다면 자기 마음 속에서 생각하고 있는 일로 자기 자신에게 거짓말을 할수 있습니까?"

"자기에게 거짓말을 하는 건가요?"

"그렇습니다."

"자기의 마음에는 거짓말을 할 수 없어요."

"바로 그거예요. 그렇다면 남에게는 거짓말을 할 수 있나요?"

"그럼, 남에게는 거짓말을 하죠."

"그럴 겁니다. 그래서 내가 말하고 싶은 것은 자기에게 거짓말을 할 수 없는 올바른 마음으로 생활하는 일이 중요하다는 것입니다."

"그렇지만 아버지도 어머니도, 내 일에 대해서는 생각도 해 주지 않고, 금방 정신병자라던가 바보라고 하고 내 말은 들어주지도 않는 걸요. 그러니까 생각에 잠기고 말게 되죠. 그럼, 나 자신도 알 수 없게 된답니다."

사도꼬의 병은 부모와의 마음으로부터의 대화가 부족했던 게 큰 원인이 되고 있다.

아이의 마음 속을 알려고 하지 않고 부모의 의지로 아이를 억압하고 만다. 애정이 부족한 것이다.

아이는 부모에게 자기의 생각을 말하고 싶지만, 꾸중을 들을거라고 생각하고, 자기의 마음 속에 두어둔 채, 불완전연소현상을 일으킨다.

조울증은 대부분이 이런 과정을 밟고 있다. 반대로, 또한 자식을 너무 귀여워하는 나머지 자식이 범한 잘못에 선악의 구별조차 가르쳐 주지 않고 둔다면 이것도 어른이 되어서 정신병으로 발전해 간다. 교육도 양극단으로 달리면, 사람을 미치게 만든다. 요즘의 자식교육은 애정과다(愛情過多)로 지나치게 흐르고 있는 형편이다.

일류학교를 졸업하면 사회적 지위가 약속된다고 부모들은 생각하고 본인의 능력은 생각도 하지 않고, 아이에게 지나친 기대를 갖는다.

지식 위주의 학문이 주가 되므로, 마음의 정서는 불안정한 상태가 된다. 어른이 되어서도 어렸을 때의 정서적인 불안이 마음을 지배하여 밝아야만 될 인생이 어두운 것이 되어 버리고 만다.

학문의 목적은 이 사회를 보다 윤택하게 만드는 데에 있지만, 오늘날의 학문의 목적은 개인의 출세에 목적이 있는 것으로 본래의 목적에서 멀리 벗어나고 말았다.

학문은 해마다 진보되고는 있으나, 사회의 혼란은 학문이 진보되어 가는 것에 비례하여, 학문의 목적과는 모순된 것으로 되어 가고 말았다.

청소년들의 갖가지 폭력행위나 탈선을 본다면 오늘날의 교육의 모순이 뚜렷이 나타난다고 하겠다.

사람의 마음은 본래 양심이 뒷받침이 된 사랑의 마음으로 가득차 있다. 그 사랑의 마음이 성장함에 따라 자기보존이라는 욕망의 마음으로 변해 가는 데에 문제가 있는 것이다.

사도꼬의 어머니는 남편에게 대한 불평을 아이들에게 퍼붓고 마음 속에 독을 먹이고 있다. 불평은 자기의 욕망이 채워지지 못하기 때문에 나타나는 독으로서, 남의 마음에 조화되지 못한 파동을 보내고, 자기 마음 속에 때를 묻히게 된다.

한편 어머니의 불평의 원인은 남편인 겡이찌에게서 온 것이다.

가족의 일을 생각하지 않는 자아가 강한 사나이었으므로, 늘 자기주장을 내 세우고, 자기의 잘못된 주장을 맘대로 내놓고 자기 뜻대로 되지 않으면 폭력을 휘두르곤 했다.

그는 자기 마음에 조화되지 않은 파동을 보내는 것과 함께 아내나 애들에게도 독을 먹이고 있었던 것이다. 사도꼬의 가족을 보고 있으면, 혼란의 소용돌이의 원인은 가장인 겐이찌에게 있으나, 가족 한 사람 한 사람이 서로 올바른 마음과 행위의 기준을 지니고 있었다면, 그 소용돌이의 파문을 적게 만들고 없앨 수도 있었을 것이다.

가장인 겐이찌가 고집불통으로, 아내인 하쓰꼬를 일방적으로 억압했다고 하더라도 하쓰꼬에게 올바른 판단이 섰더라면, 아이인 사도꼬에게까지 누를 끼치는 일은 없었을 것이다. 또한 이와 반대의 경우에도 같은 말을 할 수 있을 것이다.

얼핏 보기에는 겉으로 나타나기까지의 과정은 상대적인 것이지만, 앞에서도 말했듯이 그 밑바닥에 흐르는 원인이라는 것은 모두 각자가 자기 마음 속에서 만들어 내고 있고 소용돌이의 파문을 자기가 먹느냐, 먹지 않느냐에 따라 고뇌를 낳거나, 혹은 고뇌를 만들지 않고 그 소용돌이 속을 빠져 나갈 수도 있는 것이다.

하지만 아이의 경우는, 열 대여섯살이 되어 육체적으로나 정신적으로 독립할 수 있을 때까지는 부모나 형제자매의 영향을 받기 쉽다. 따라서 어린이의 정서교육의 중요성을 새삼스럽게 말할 필요가 없는 것은 사도꼬의 경우를 보아서 아는 바와 같다.

사도꼬는 부모의 싸움의 소용돌이 속에서 자랐다. 그래서 그 자폐적(自閉的)인 경향은 세월이 흐를수록 악화되어 갔다. 자기의 감정을 이성으로서 통제할 수조차 없게 되었다.

이성(理性)을 키워 나갈 여지를 이 가정에서는 잃어버리고 있었다고도 말할 수 있기 때문이다.

노력과 용기와

나는 사도꼬에게 질문을 던져 보았다.

"사도꼬양, 당신은 아버지 어머니로부터 싫은 소리를 듣거나 야단을 맞았을 경우, 마음속에서 또 귀찮은 소리를 하고 있구나, 정말 재미없는데, 하고 생각한 순간에 당신의 가슴 있는 데가 화끈해지면서 자신을 억제할 수 없게 되었던 것이 아니었던가요."

"네, 언제나 머리가 이상해지는 것은 그럴 때가 많습니다. 마음 속으로 생각만 해도 울화통이 치미는 것이었죠."

"그랬을 겁니다. 마음 속으로 생각하는 것이 옳은 것이 아니면 즉시 지옥계와 통하게 되어서 자기 자신을 잃게 되는 것이랍니다. 사도꼬양, 당신은 머리가 이상한 것이 아니라, 마음 속에 올바르게 사물의 판단을 내릴 수 있는 기준이 없었기 때문입니다."

"그렇게 말씀하시지만 항상 야단만 맞고 있으면 저 역시 화가 치밀어 오르는 것은 당연한 일이잖아요."

"사도꼬양, 화가 치밀어 오르는 게 당연하다는 생각이 잘못된 것입니다. 이미 마음 속에서 독을 먹고 있는 것입니다. 마음이 일으키는 파동은 지옥계에 통해 버리고 마는 것입니다. 결국 자기 자신을 잃어버리는 게 되는 것이죠.

사람들로부터 마구 책망을 듣게 되면 어째서 그런 소리를 듣게 되었는가, 그 원인은 무엇인가……, 하고 분명하게 판단을 해서 만일 자기에게 잘못이 있으면 죄송합니다. 하고 사과를 하면 되고, 만일 자기에게 잘못이 없다고 생각이 되면, 야단치는 이유를 물어보면 되는 것입니다. 그래도 여전히 시끄럽게 야단을 치면 상대방이 오해를 하고 있구나, 하고 절대로 상대방의 말이나 태도에 의하여 마음에 독을 먹어서는 안되는 것입니다. 독을 먹으면, 그 결과 당신이 괴로워하게 되는 것이니까요. 절대로, 감정을 표면에 내 놓거나 마음 속으로 원망하거나, 질투를 하거나 화를 내거나 해서는 안되는 것입니다. 마음 속으로 생각하거나, 행동을 하거나 모두 같은 결과를 가져온다는 사실을 알지 않으면 안되는 것입니다."

"하지만 부모라고 해서 저를 아주 어린애 취급을 하여 제 생각은 들어주지 않고 당신네들 감정나는 대로 야단을 쳐도 참지 않으면 안되는 것인가요?"

"참다는 것……, 이 경우 참는다고 하는 것은 마음 속에 반발할 기회를 노리고 있는 게 되는 것입니다. 덮어 놓고 참는 게 아니라, 어떤 창피를 당하더라도 그것을 잘 견디어 내고, 냉정한 마음을 간직해서 독을 먹지 않도록 하는 게 중요한 것입니다. 즉 인욕(忍辱)을 하라는 이야기지요. 덮어 놓고 참는 것은 반드시 마음 속에 찌꺼기를 만들어 놓게 마련인 것입니다.

야단을 맞고 있는 것은 내 자신이 아니고 제3자라고 생각하고 올바르게 판단을 내리는 게 중요한 것입니다. 자기 자신 중심이 되어 있으니까 올바른 판단을 할 수 없어서, 자기 보존의 독선적인 상념이나 행위가 나와 버리게 되는 것입니다. 제3자의 입장에 서게 되면 판단도 옳게 되는 게 아닐까요?"

"……."

사도꼬는 내가 하는 이야기를 열심히 듣고 있었다.

"사도꼬양은 내가 쓴 책을 읽은 일이 있습니까?"

"아버지가 이 책을 읽으라고 놓고 가셨지만 읽을 수가 없었어요."

"어째서죠?"

"두서너 페이지를 읽기 시작하면 눈이 아물거리게 되거나, 머리가 무거워지거나 요즘에는 손에 들기만 해도 기분이 이상해지곤 합니다. 저 책은 무서워서——"

사도꼬는 목을 움츠리면서,

"그 책은 참으로 이상한 책이예요."

하고 말하는 것이었다.

악령에게 사로잡혀 있는 사람들이 내가 쓴 책을 거의 읽을 수가 없다는 경우는 굉장히 많다. 왜냐하면 악령들에게 있어서는 나의 책은 그들의 원수와 같은 것이 되어 있기 때문이다.

사람들의 마음이 순수하게 밝아지게 되면 악령은 빙의할 수가 없게 되는 것이다. 그 때문에 그들은 수단을 가리지 않고 방해를 놓는 것이라고 할 수 있다.

이를테면 몸을 약하게 하거나, 목을 조이거나, 가슴을 짓누르거나, 눈이 아물거리게 하거나, 졸음을 오게 만드는 것이라고 할 수가 있다. 여간한 용기와 결단을 갖고 읽지 않으면 안된다.

이와 같은 사례(事例)를 필자는 이미 수천 번이나 경험을 해 온 터이기에 사도꼬가 책을 읽을 수 없는 것은 악령에게 방해를 받고 있기 때문이라는 사실을 알 수가 있는 것이다.

"사도꼬양, 그 책은 《마음의 원점(原點)》이라는 책이군요."

"네."

"사도꼬양의 귀곁에서 읽어서는 안된다는 말을 누구에겐지 모르게 들은 일이 있지요?"

"있습니다."

"그 말은 살아 있는 사람에게서인가요, 아니면 눈에 보이지 않는 세계에서 들은 말인가요?"

"그렇군요. 남자 아이 목소리로 그런 책은 보지 말라, 읽으면 괴로워진다, 집어치워라, 집어 치워라!…… 하고 말하며 제 가슴을 짓누르는 것이었어요. 버리면 아버지에게 야단 맞기 때문에 장롱 속에 숨겨 놓았어요."

"그렇습니까? 그 목소리의 주인공은 악령입니다. 사도꼬양이 그 책을 읽게 되면, 사도꼬양의 마음이 밝아지게 되고 그렇게 되면 더 이상 사도꼬양에게 붙어 있을 수 없게 되니까 그게 두려운 것입니다. 제가 쓴 책은 마음과 행위의 올바른 기준을 써 놓았기 때문에 무서운 겁니다."

"그래요? 하지만 저도 그 책이 무서운걸요."

"사도꼬양, 당신은 올바른 마음과 행동의 기준을 모르기 때문에 괴로와하고 있는 것입니다. 제가 옆에 붙어 있으니까 마음 놓고 그 책을 장롱에서 꺼내십시오."

"무서워서 싫어. 무서워요, 무서워."

악령의 협박을 무서워하는 것이었다. 그러나 사도꼬는 장롱을 가리키며,

"저 맨 밑의 이불 아래 있어요."

하고 어린애처럼 말했다.

나는 장롱을 열고 이불 속에서 몇 권의 책을 꺼내어 책상 위에 놓고,

"사도꼬양, 무섭지 않아요. 내가 들고 있어도 아무렇지 않아요. 자신을 가지세요. 자아, 한 페이지라도 좋으니까 소리를 내어서 읽어 봐요. 내가 곁에 있으니까 절대로 아무 일도 없어요."

사도꼬는 겁을 집어 먹은 태도로 조심조심 내 책에 손을 내밀고 한동안 표지를 지켜 보고 있었다.

"사도꼬양 어떻습니까?"

"어머나, 아무 말도 들려오지도 않고 손도 저리지 않네요."

라고 말하면서 차례를 읽고 있었다.

"이상하네요. 글씨를 읽을 수 있어요. 글씨가 읽혀지네요. 이상하다."

사도꼬의 뺨에는 눈물이 두 줄…….

얼굴도 붉은 빛을 띄었다.

이리하여 사도꼬는 간신히 자기 자신을 되찾을 수가 있었다. 사도꼬에게 있어서 중요한 것은 자기 자신에 대하여 자신을 갖는 일이었다.

마음 속에 더러운 것이 없으면, 만생만물(萬生萬物), 평등하게 주어져 있는 하느님의 자애(慈愛)의 빛을 받아서 평온한 인생을 보낼 수가 있는 것이다.

사람의 마음은 일념삼천(一念三千)인 것이다. 우리들의 마음은 끝없이 상상을 할 수 있는데, 마음을 어지럽히는 조화되지 않은 파동을 발신하게 되면, 부조화 상태를 이루고 있는 지옥계와 통하게 되어 마음 속이 어지럽혀지게 되는 것이다.

믿든, 안믿든 관계없이, 엄연히 마음의 세계는 존재하고 있다는 사실을 우리들은 알지 않으면 안될줄 안다. 사도꼬는 나의 이야기를 믿고, 그 뒤 내가 쓴 책을 읽을 수 있게 되어 자기의 지난 24년 동안의 세월을 팔정도(八正道)를 기본삼아서 생각해온 것, 행해 온 것 하나 하나를 반성하여 자기 자신을 확립해 나갈 수가 있었다. 그토록 자아가 강했던 아버지인 겡이찌도 완전히 성격이 바뀌었다.

이 집안에도 이제 겨우 봄이 찾아오게 된 것이었다.

어둠침침한 침울한 가정에서 밝게 조화가 된 환경을 만들어 내려면, 가족 전원의 협력이 무엇보다도 필요하며, 그렇게 되려면 식구들 저마다가 노력과 용기를 가지고, 올바른 생활을 하는 수밖에 다른 길은 없는 것이다. 정신병을 추방하는 데는 이것밖에 다른 방법은 없다고 본다. 행복한 가정을 이룩하는 데도 이 밖에 다른 방법은 없는 것이다.

제 7 장
행위에 대하여

매일의 생활

신앙에는 으레히 수행(修行)이 따르게 마련이다.

폭포수에 온 몸을 적신다. 혹은 차디찬 물 속에 몇분씩이나 들어가 있다. 불 위를 걷는다. 단식을 한다. 그 밖에도 방법은 많다. 이런 종류의 수행법은 여러 가지가 있는 것 같다. 그런데 진정한 수행이란, 이와 같이 육체를 괴롭히는 것일까?

불교는 오랜 역사 가운데서 여러 가지로 변화되어 왔다. 그 가르침과 행(行)은 나타났다가는 사라진 개성이 강한 지도자들에 의해 그들의 지식이나 뜻에 의하여 창작되었기 때문에 불교의 본래의 목적과 수단을 알기 어렵게 되었다고 해도 과언은 아니다.

본래의 수행이란, 우리들의 일상생활 속에 있을 것이다.

집을 떠나 산이나 절간에 틀어박혀서 영적인 무엇을 얻는 것으로 깨달았다, 깨닫지 못했다고 하는 것은 아닐 것이다.

태양은 동쪽에서 뜨고 서쪽으로 진다. 4계절의 갖가지 변화, 그것이 그대로 대자연의 법칙에 맞는 생활——. 이것이야말로 바로 수행인 것이다.

우리가 아침에 일어나서 세수를 하고 감사하는 마음으로

하루가 시작된다. 낮에는 직장에서 보은(報恩)과 봉사하는 정신으로 일한다.

밤이면 내 집으로 돌아와 하루의 휴식과 가족의 건강과 조화를 기뻐하고 반성과 감사하는 마음으로 하루를 끝마친다.

자연은 중용(中庸)이라는 사랑의 생활을 우리에게 가르치고 있고, 그와 같은 생활을 하는 것이 바로 수행인 것이다.

수행이라고 말하면, 특별한 무엇이 있는 것처럼 착각하고, 또한 지금까지의 불교사상은 우리에게 그와 같은 선입관념을 심어 주고 말았으나 사실은 그런 것이 아니라, 그날 그날의 생활 속에 수행이 있는 것이다.

육체의 수행과 번뇌

마음가짐을 잊어버린 육체의 수행은 이윽고 악령의 먹이가 되고, 돌이킬 수 없는 인간 실격의 길을 걸아가야만 할 것이다.

1974년 6월, 교또의 중심산장에서 간사이(關西) 방면의 연수회가 열렸을 때의 일이었다.

한 중년 부인이 질문을 했다.

"저는 20년 가까이 냉증으로 괴로와 하고 있습니다. 오늘도 오오사까에서 버스를 타고, 교또까지 추위를 견디기 위해 무릎에 담요를 덮고 왔습니다. 부디 이 괴로움에서 벗어나게 해 주십시오."

하고 말하는 것이었다.

키가 크고 튼튼하게 생긴 이 부인이 초여름인 데도 담요를 허리에서 무릎까지 덮지 않고는 추워서 견딜 수 없다는 일은 도저히 상상도 할 수 없는 일이다.

나의 마음의 눈으로 보기에는 부인의 뒤에는 흰 옷을 입은 수도사(修道士)가 서 있는 게 분명히 보였다. 바로 악령인 것이다.

나는 다음과 같이 말했다.

"당신은 신앙생활을 하고 있군요."

"예."

"20년쯤 전부터, 고생스러운 육체의 고행을 해오셨습니다그려."

"그렇습니다. 폭포수 안에도 들어가 보았는데, 그런 뒤부터 냉증이 생겼습니다."

부인의 뒤에 서 있는 악령은 부인의 마음을 혼란시키고, 내 말을 알아듣지 못하게 하고 있었다.

나는 부인 곁에 가서 빙의되어 있는 수도사에게,

"그대는 하느님의 아들로서의 자각을 망각하고, 지옥으로 떨어져서 이 여성에게 빙의되었으나, 그것은 용서할 수 없는 일이다. 이 여성에게서 떠나야 한다."

이렇게 말한 순간 여성의 인격이 갑자기 변하고, 남성의 목소리가 되고 말았다.

"바로 나는 수도사다. 이 자가 열심히 폭포수 밑에서 목욕재개하며 수행하는 것을 보고, 힘이 되어 주려고 협력하고 있는 거다. 그것이 어째서 나쁘다는 거냐?"

악령은 여성의 몸을 지배하고, 여성의 입을 빌어 나에게 되묻는 것이었다.

"그대는 지옥계로 떨어졌는데, 이 여성을 구해 주려고 하다니 당치도 않은 것이다. 그대가 구원을 받지 못했는데 어찌 남을 구할 수 있단 말인가? 그대는 생전에 식구들을 모른 체하여, 가족들을 길거리에 헤매게 해 놓고, 잘못된 신앙생활로 접어들어 수행하는 도중에 산길에서 골짜기 밑으로 떨어져 죽은 게 아니었는가! 이 여성에게 빙의되다니 천부당만부당한 잘못이니라."

나의 입에서는 뜻하지 않은 심한 말이 차례로 나오는 것이었다. 이 말은 나를 보호하고 있는 수호령의 말인 것이다.

지옥의 수도사는,

"빛이 강해서 선생을 바로 볼 수도 없소이다. 잠깐만 기다려 주시오!"

이렇게 말하면서 그 자리에 엎드리고 말았다.

"수도사여! 그대는 자기가 차디찬 지옥에 떨어져 있다는 것을 알고 있는가? 남을 구하기 전에 자기 자신을 구하는 일이 중요하지 않은가? 말할 것도 없이 이 여성에게 빙의되어, 정신을 혼란시키고 있는 장본인이 바로 네가 아니냐! 내게 들킨 이상 아무 곳에도 도망칠 수 없는 거다……. 어떻게 하겠느냐?"

나의 말은 신랄했다. 엎드려 있는 악령은,

"나는 이 여자에게 하느님의 길을 가르치고 있는 거다. 이 여자가 가엾어서 말이야! 가엾단 말이야. 내가 구해 주고 싶단 말이야."

"잠깐만 기다려. 너는 이 여성을 구해 주고 싶다고 입으로는 말하면서 사실은 자기가 갈곳이 없어서 이 여성에게 빙의되어 있는 게 아니냐? 사실대로 말하라, 사실대로……."

"헤, 헤, 죄송스럽습니다. 저도 구원을 받고 싶은 거요! 정말입니다……."

"그 말이 진실이냐? 그대는 이 여성에게 빙의되어서 하느님이다, 용신(龍神)이다, 하고 말하며, 이 여성의 입을 통하여 많은 사람을 혼란에 빠뜨려 오지 않았느냐? 그 죄를 무엇으로 어떻게 보상하겠다는 건지 말해 봐라."

"헤, 헤, 바로 그렇습니다요. 많은 사람의 마음을 어지럽힌데 대해서는 어떤 벌이라도 달게 받겠습니다. 이 추운 곳에서 벗어날 수 있게 구해 주십시오. 저를 살려 주십시오. 이렇게 빌겠습니다."

"그렇다면 어째서 너는 지옥으로 떨어진 건가 알고 있느냐? 대답을 해 보아라."

"예, 저는 이 여자의 경우와 마찬가지로 가족들이 차례로 불의의 죽음을 당하거나 미치거나 하여 그 인연을 끊으려고 수도하는 길로 들어섰으나 이 지경이 되고 말았습니다."

"그대는 가족들의 일보다는 자기 자신의 구원을 얻으려고 그랬던 게 아니냐?"

"예, 예, 바로 그렇습니다."

"너는 일하는 게 싫어서, 가족들의 생활고를 보고도 못본체하였다. 내 말이 틀리느냐? 가족들에게 대해서는 말할 것도 없고, 남을 위해서 진심으로 도와준 일이 있었는가? 언제나 자기 자신의 일만을 생각하고, 자기에게 불리할 경우에는 폭력을 휘두르고, 가족들에 대해서 따뜻한 말 한 마디조차 해 준 일이 없다. 어떠냐? 내 말이 틀리나?"

"죄송합니다, 바로 그렇습니다. 요시꼬 용서해 줘, 내가 나빴어. 너희들에게 아무 것도 해 주지 못한 아버지는 나쁜 사람이었다. 용서해 줘, 용서해다오."

지옥의 수도사의 마음 속에는 부처의 마음이 되살아났다.

부인의 몸을 통하여 수도사는 엉엉 큰 소리를 지르며 울고 있었다.

"수도사여! 그대는 생전의 행위를 진심으로 사과하고 있다. 그런데 지금 육체를 빌리고 있는 여성에 대하여 지금까지 범해 온 죄에 대해서는 어떻게 하겠는가?"

"용서해 주십시오. 나는 신이다, 용신(龍神)이다, 하고 말하며 당신의 마음을 어지럽히게 하였습니다. 나는 지옥에 있는 망령입니다. 지금까지 지은 죄를 용서해 주십시오. 이렇게 빕니다."

수도사는 부인의 몸을 통하여 부인에게 사과하고 있었다. 부인은 혼자서 두 사람의 역할을 하고 있는 셈이어서, 옆에서 보고 있는 사람에게는 이상하게 생각될 것이다.

하지만 조금도 이상한 일은 아니었다. 수도사는 이 세상의 육체를 지니고 있지 않으니까 육체를 가지고 있는 사람을 빌리지 않고서는 이 경우에는 자기의 마음을 표현할 방법이 없다. 인격이 갑자기 변하고 마는 사람들은 이와 같은 악령이 지배하고 있는 경우가 많다.

올바른 상념과 행위를 잊어버린 사람들에게 일어나는 영적인 현상인 것이다.

"수도사여! 그대의 마음속에야말로 진정한 하느님이 있는 것이다. 그대는 자기 자신을 속일 수 있다고 생각하는가? 어떻게 생각하느냐?"

"예, 속일 수는 없습니다. 저는 수도하는 사람으로서 하느님의 이름 아래 많은 사람을 방황하게 하였습니다. 마음에도 없는 거짓말을 식은 죽 먹듯이 말하고, 그것이 나를 지키는 하느님이라고 생각하게 만들고, 그대로 전하여 많은 사람들에게 폐를 끼쳐 왔습니다. 저를 용서해 주십시오."

"그렇다면 죽은 뒤의 세계에도 신은 없다는 말이냐?"

"예, 제게 하느님이다, 부처님이다, 하고 말하던 것은 실은 여우였습니다. 저는 무서워서 어찌나 무서웠는지…… 하느님 살려 주십시오."

"생전에는 동물령(動物靈)에게 속고 있었다는 거냐? 그대를 구할 수 있는 것은 불성(佛性)인 그대 마음 속의 착하디 착한 자기 자신인 것이다. 그대가 진실로 잘못된 상념과 행위를 저질렀음을 인정하고, 다시는 그런 잘못을 하지 않겠다는 결심이 섰을 때에 용서를 받게 되는 거다."

"감사합니다. 몸이 후끈거려 옵니다. 감사합니다."

머리를 마루바닥에 부비고 울고 있는 것이다.

"수도사여! 그대는 이 여성에게 진심으로 사과하고 그녀의 몸에서 떠나시오. 몸 안에서 빠져 나가시오."

부인은 두 손을 머리 위로 뻗었고 지옥의 수도사는 그녀의 몸에서 빠져 나갔다.

악령이 자기의 지난 날의 잘못을 참회하고 그 잘못을 고침으로써 천상(天上)의 세계로 돌아간 것이었다.

부인의 얼굴빛은 홍조를 띄고 지금까지 창백했던 얼굴빛과는 판이하게 달랐다. 이 광경을 보고 있던 수백 명의 사람들은 감탄한 나머지 소리를 질렀다.

건강을 되찾은 부인이 말문을 열게 되었다.

"제 몸 안에 난로가 있는 것 같습니다. 후끈거립니다. 어쩐지 온 몸이 가벼워졌고 머리 속이 상쾌해졌습니다. 제게 무엇이 빙의되어 있었던가요?"

"바로 그렇습니다. 지옥의 수도사가 당신을 지키고 있었던 것 같습니다." 악령이었다는 겁니까?

"그렇다면 지금까지 제 입을 통하여 용신(龍神)이라고 말하던 것이 바로 악령이었다는 겁니까? 에그머니! 무서워라!"

부인은 눈을 동그랗게 뜨고 괴상한 소리를 질렀다.

"당신도 같은 종류입니다. 당신의 마음이 악령을 부르고 있었던 겁니다. 생각하는 것, 행동하는 것의 바른 기준을 알고 생활하지 않으면 다른 악령이 또 다시 빙의되고 마는 겁니다. 당신은 지금의 신앙생활을 그만두어야 합니다."

"제 집안에는 재난이 끊이질 않습니다. 형제들이 정신이상이 되고, 아버지는 광에서 자살을 하고, 동생도 자살을 했습니다. 이 인연을 끊으려고 지금부터 20년 전에, 신앙생활의 길로 들어서서 오오미네 산이니, 수도사들이 수도하는 산에서 폭포수로 목욕하는 등 고생스러운 수도생활을 해 왔습니다. 저의 신앙이 잘못되었군요."

"그렇습니다. 마음과 행위의 올바른 기준을 지니지 않는 신앙은 잘못된 것입니다. 타력(他力)에 의해서는 사람은 구원을 받지 못합니다. 옛날의 도쿄의 하늘은 새파랗고, 아름다운 태양이 쨍쨍 우리들을 비치고 있었습니다. 문명이 발달됨에 따라 지금의 도쿄의 하늘은 매연에 가려 아름다운 태양빛을 받을 수 없게 되었습니다. 광화학(光化學) 매연에 의하여 가로수의 잎이 검게 타서 떨어지는 수도 있습니다. 매연은 사람이 만들어 낸 것입니다. 나무아미타불이라든가, 나무묘법연화경, 또는 하늘에 계신 아버지시여…… 하고 기도를 들여본들 공해를 막을 수 있겠습니까? 우리가 공해를 만들지 않도록 하는 도리밖에는 없습니다.

이와 마찬가지로 우리가 생각한 일이나 행한 일이 자기만 좋다면 남이야 어찌됐건 상관없다고 하는 자기보존의 욕망에 의하여 만들어 낸 마음의 공해, 투쟁과 파괴……. 마음을 아수라(亞修羅)에게 판 사람들은 모두 마음 속의 매연을 자기 스스로 만들어 낸 것입니다. 마음의 공해는 역시 자기 스스로가 없애는 외에 다른 방법은 없는 겁니다. 마음 속에서 스스로 공해를 만들어 내는 이상 그 원인도 자기 마음에 있을 것입니다.

원망·시샘·중상모략·노여움·불평·만족할 줄 모르는 끝없는 욕망과 질투·무자비한 행동 따위, 자기보존 욕망, 자기만 좋으면 그만이라고 생각하는 행위가 공해의 원인이 되고 있는 것입니다. 그렇기 때문에 우리는 석가가 설법한 여덟 가지 바른 길, 다시 말해서 중용을 마음의 척도로 삼은 생활 이외에는 이를 없앨 방법이 없는 것입니다.

여덟 가지 바른 길을 생활 속에 도입했을 때에야 우리의 마음이 둥글고 윤택하게, 평안한 나날을 보내는 일이 가능할 것입니다. 만약 당신이 마음 속에서 감정이 크게 부풀고, 이성(理性)이 일그러지고 있다면, 과연 남의 말을 옳게 들을 수 있을까요? 마음 속이 일그러져서는 올바른 판단을 할 수 없는 겁니다. 항상 둥글고 윤택한 자애(慈愛)에 넘친 마음만이 만물의 영장인 우리 인간이 사는 생활방법이라고 할 수 있을 겁니다."

"말씀 고맙게 들었습니다. 지금까지는 괴로울 때에 신을 의지하는 마음으로 열심히 경을 읽고 부탁을 드렸습니다. 제가 잘못한 것 같습니다."

"당신은 경을 읽는다고 말했지만 불경의 뜻을 아십니까?"

"아뇨, 〈반야심경(般若心經)〉은 귀중한 불경이므로, 신불 앞에서 외우고 있었습니다. 선배께 배운 것이었으니까요. 뜻은 열심히 외우고 있는 동안에 안다고 들었습니다만 아직 잘 모릅니다."

회장에서 와―― 하는 웃음소리가 터졌다.

하지만 웃고 있는 사람들도 이 부인과 같은 신앙생활을

하고 있던 사람들이 많이 있었을 것이다.

아미타불

화석처럼 되어 버린 불교는 경을 읽고 공덕(功德)을 얻으려고 하는 잘못된 방향으로 변하고 있다.

불경은 인간이 걸어가야 할 길은 이래야 된다고 말한 것이지, 결코 읽는데 가치가 있는 것은 아닌 것이다. 하지만 많은 사람들은 불경을 읽는 일에 의의가 있고 공덕이 있다고 생각하고 있다.

나는 이 부인에게 다시 한번 질문을 했다.

"마하반야바라밀다심경이란 무엇을 뜻하는 겁니까?"

"예, 도피안(到彼岸)이라고 배웠습니다."

"도피안이란 무슨 뜻입니까?"

"신불(神佛)의 경지에 도달한다는 뜻입니다."

"그렇다면, 신불의 경지에 도달한다는 것은 무슨 뜻입니까?"

"영감(靈感)을 얻어서 중생을 제도(濟度) 하는 일입니다."

"그렇다면 정말 이상하군요. 그래서 당신은 고생스러운 육체수행을 했고, 그 결과 신불의 경지에 도달한 게 아니라, 악령의 경지에 도달하고만 게 아니겠습니까?"

"아무래도 그렇게 된 것만 같습니다. 저에게는 알 수 없는 일입니다."

"신의 경지에 도달한다는 것은 틀림없습니다만, 너무나 지나치게 생략이 되었습니다. 이 말은 인도의 고대어를 중국어 문자에 맞추어 쓴 것입니다. 마하라는 말은 위대하다는 뜻입니다. 반야란 파냐, 다시 말해서 지혜입니다. 바라란 간다든가 도달한다는 뜻입니다. 밀다란 미타아입니다. 다시 말해서 우리의 마음 속에 숨겨져 있는 전생윤회(轉生輪廻)의 기나긴 과정을 통하여 체험되는 위대한 지혜라는 뜻입니다. 그 위대한 지혜에 도달한다는 마음의 가르침을 중국어로 번역해서 마하반야바라밀다심경이라고 부른 것입니다. 우리의 마음 속에는 온갖 체험을 통한 지혜가 있는 겁니다. 육체라는 배를 타고 있다면, 이 위대한 지혜도, 오관번뇌의 매연으로 보이지 않게 되기 때문에 캄캄한 인생을 보내고 고뇌를 만들어 내고 마는 것입니다. 이 번뇌를 없애기 위하여 아무리 엄격한 육체의 수행을 쌓아 봤자 지금 당신이 생각하고 있는 것이나 행하고 있는 일이 편협한 것이라면 번뇌를 없앤다는 건 불가능합니다. 불교에서 나무아미타불을 외우면 극락정토(極樂淨土)로 갈 수 있다는 한 파(波)가 있습니다. 이것도 마찬가지입니다. 나무(南無)란 남쪽이 없는 게 아니라, 고대 인도말로 나아모, 다시 말해서 귀의한다는 뜻입니다. 아미타는 아몬이며, 빛의 천사의 이름입니다. 불은 부처이며 깨달은 사람을 일컫는 칭호입니다."

다시 말해서 나무아미타불이란 아몬의 부처로 귀의한다는 뜻이 될 것이다.

아몬은 고대 인도의 바라문교의 신의 이름이다.

아몬이 설법한 법으로 귀의한다는 것이 어느 사이에 나무아미타불이 되고 말았다.

염불의 근본은 부처의 가르침을 실행하는 일이며, 타력으로 인심을 구제하는 일은 불가능한 것이다.

자력으로 자기의 마음과 행위의 잘못을 바로잡아야 위대한 하느님의 빛으로 타력의 힘이 주어진다는 것을 우리는 잊어버린 것이다.

타력에 의해서는, 인간은 구원을 받을 수 없다는 것을 알아야만 한다.

인도의 석가도, 이스라엘의 예수 그리스도도 인간이 가야 할 길을 가르쳐 주었으며, 그 길을 실천에 옮겼을 때 신불의 경지에 도달한다는 것이다.

우상이나 십자가를 모시고 그것을 받들라는 말은 한 마디도 말하지 않았다. 하지만 기나긴 역사의 과정에서, 불교도, 기독교도, 사람들의 지(知)와 뜻(意)에 의하여 티끌과 먼지 속에 파묻히고 말았다.

현대인의 대부분은 어려운 불전(佛典)이나 성서의 노예가 되어서, 진실한 인간의 모습을 잃어버리려 하고 있다. 그 원인은 지(知)에 치우치고, 행동면에서 실천이 없어서 마음 속에 숨겨져 있는 위대한 지혜의 문을 닫고 말았기 때문이다. 또한 그 문을 열기 위한 올바른 마음과 행동의 기준을 알 수 없게 되었기 때문이라고 말할 수 있을 것이다.

현대의 불전을 2천5백여년 전의 글을 모르는 무식한 노예계급이나 상공업자계급의 중생들에게 이해시킬 수 있었을까?

오늘날의 성서로서, 2천년 전의 이스라엘 혹은 그 근처의 백성들에게 진실한 사랑을 가르쳐 줄 수 있었을까? 현대인으로서 의무교육을 훌륭히 받은 사람조차도, 옳게 이해할 수 없는 게 아닌가!

학자나 전문적의 사람들도 지식만 있고 행위가 없으므로 지혜의 문을 열 수 없는 것이다.

어려운 말이나 어려운 단어를 이해해 보았자, 그것은 단지 지식의 산물이며, 진정한 마음의 양식은 되지 않을 것이다.

오히려 그 지식이 교만과 자만심을 낳고 지위나 명예에 집착심을 갖게 하는 도화선이 되기도 한다는 것을 우리는 알아야만 할 것이다.

승려나 선교사의 옷의 색깔이나, 호화찬란한 값진 옷의 차이로 인간의 가치가 달라지는 것은 아니다.

예수 그리스도나 고타마 부타가 몹시 초라한 옷을 몸에 걸친 모양이나 사진 같은 것을 보면 이것을 쉽게 알 수 있을 것이다.

그의 신도라고 일컫는 후세의 사람들이 스승보다도 값진 옷을 몸에 걸치고 있는 모습을 보았을 때, 그들이 행동이 없는 지식만 가지고 마음을 잃어버린 것임을 쉽사리 알 수 있을 것이다.

돈의 힘으로 지위나 명예를 사고, 그 지위에 안주하려는 사람들에게 있어서는 정말 언어도단이라고 말할 수밖에 없다. 그들을 위선자의 집단이라고 해도 지나친 말은 아닐 것이다.

자기의 마음의 수양을 잊어버린 듯하다.

하지만 타락할 대로 타락한 종교는 마침내 사람들의 마음에서 떠나 고립될 것이다. 또한 진실한 법이 사람들의 마음속에 광명의 불빛을 비춰 줄 것이다.

법에는 옛것이나 새로운 것이란 없고, 마치 갠지스 강의 흐름이 옛날이나 지금이나 히말라야에서 뱅골만으로 흐르고 있듯이 영원불변이어야 할 것이 정법(正法)이라는 것이다.

이해할 수 없는 불경이나 마음을 잃어버린 육체의 고행 속에서는 평안함과 조화된 진실한 자기를 발견할 수는 없다는 것을 알아 주기 바란다.

육체의 한계를 시험하기 위한 수련이라면 육체의 고행도 좋은 일이나, 마음을 잊은 육체의 고행, 타력신앙은 매우 위험하며 우리는 그와 같은 미신에서 눈을 뜨지 않으면 안된다.

이 부인은 20년 동안이나 고통스러운 산 속에서의 육체고행이라는 미신에 빠져 들어서 악령에게 빙의되어 방향감각을 잃고 말았으나, 교또의 중심 산장의 연수회라는 산 속의 등불을 발견하는 것으로서 악령에게서 해방되고, 평안한 자기 자신으로 돌아갈 수 있었던 것이다.

지금은 그날 그날을 사람답게 즐겁게 보내고 있다.

오래된 절에서 생기는 이상한 일들

오우미(近江)란 지방에 오랜 역사를 지닌 절이 있다. 울창한 고목들은 싫든 좋든 옛절의 관록을 돋보이게 하고 있었다.

산문을 지나니 으시시한 분위기가 나의 살갗에 스며 들어왔다. 또한 발 밑에서부터 오싹할 정도로 찬 기운이 올라오는 것이었다.

바로 4년 전의 가을, 간사이의 연수회를 고오야 산에서 개최한 일이 있었는데, 그때도 똑같은 현상이 일어난 일이 있었다. 그 장소는 많은 민중을 희생시켜서 권력의 자리를 지킨 이미 죽어 저승으로 간 불쌍한 무장(武將)들의 무덤이 있던 곳이었다.

나는 사원안의 돌 위에 앉아서 마음의 조화를 얻으려고, 명상(瞑想)을 했다. 그러자 나의 눈 앞에는, 무섭도록 끔찍한 지옥계가 전개되었다.

권력이나 책략이나 금력을 써서 사원을 지킨 불쌍한 승려들에 의해 빚어지는 지옥계였었다.

기나 긴 역사 속에서 사람은 사후(死後)의 세계를 절이나 무덤에서 구하며, 우리 개인의 생명으로서의 가치관과 인생의 목적을 잃고, 번뇌를 지닌채, 이 지상계를 살아 간 사람들의 말로라고 할 수 있을 것이다. 그들은 그 무거운 역사 속에, 오직 고요히 잠자고 있는 듯이 보이지만, 마음의 창문이 열린 사람에게는, 차원(次元)을 넘어선 세계의 모습이 마치 현실 사회처럼 눈 앞에 펼쳐지는 것이다.

지식만을 믿고 있는 승려들에게는 조화되지 못한 악령에 의하여 빚어지고 있는 거칠고 조악한 상념의 파동은 느껴지지 않을 것이다. 다행이라고 생각하면 다행한 일이다.

만약 이 현상을 알았다면 스스로의 상념(想念)과 행동을 바로잡지 않으면 안되기 때문이다.

본당 앞에 이르자 저녁 불공을 드리는 독경소리가 쓸쓸하게 나의 귓전에 들려왔다. 저승의 지옥계로 떨어진 승려들의 독경소리처럼 들리기조차 했다.

지금 경을 읽고 있는 사람들도 이 사원을 지키고, 권력과 명예를 다투는 맹렬한 싸움 속에 있었다 하더라도, 독경만은 그만두지 못할 것이다.

그들에게 있어서 사원과 독경은 그들의 욕망을 채워 주는 열쇠인지도 모를 일이다.

진정으로 그들이 경문(經文)의 뜻을 이해하고 불법(佛法)에 맞는 생활을 보낸다면, 지옥계에서 신음하는 승려들과 상

통하는 것 같은 독경소리의 울림으로는 되지 않을 것이다. 또한 그들이 단순히 불공드린다는 형식을 답습하고 있는 데에도 문제가 있다고 말할 수 있다.

나는 이와 같은 환경에 살고 있는 사람들이 불쌍하게 생각되어 견딜 수 없었다. 까닭인즉 남을 희생시켜서라도, 자기의 지위를 고집하는 그 허무함이 불쌍하게 여겨졌던 것이다.

불법(佛法)이란 원래 집착에서 벗어나 깨달음의 경지에 도달하는 열반에 이르는 길을 가르쳐 주고 있었을 것이다.

그들 승려들도 그것을 배웠을 것이다. 그럼에도 불구하고 스스로의 마음을 잃고 욕망을 채우기 위한 사원으로 되어 가고 있다. 지옥계가 되지 않는다는 게 오히려 이상하다고 말할 수 있을 것이다.

본당에서 불공드리는 일을 끝낸 젊은 스님에게,

"절에서 생활하시기가 어떻습니까?"

이렇게 질문을 해 보았다.

"경내가 넓고, 중요문화재가 가득차 있어서 매우 힘이 듭니다."

"이곳에서 생활하시는데, 진정한 뜻에서의 편안과 마음의 평화를 얻고 계십니까?"

"글쎄요. 참 어려운 질문이군요. 원래는 마음의 편안을 얻고 싶지만 힘이 듭니다."

"어째서 그렇습니까?"

"하루가 끝나서 자리에 누우면 육체적, 정신적으로 기진맥진해 버리니까 말입니다."

"그렇게 중노동을 하고 계십니까?"

"그거야 돌아가신 분들을 돌보는 일이니까요."

"돌아가신 분들을 돌본다는 건 무슨 뜻입니까?"

"이 절에 관계가 있는 돌아가신 분들과 그 밖의 제천(諸天)보살을 뜻합니다."

여기서 돌아가신 분들에 대해, 내가 추궁하여 감정을 상해서는 큰 일이라고 생각하고 전혀 다른 질문을 해 보았다.

"당신은 영이라는 것을 믿습니까?"

"글쎄요, 본 일이 없으니까요."

"이 절에도 영(靈)이 있다고 생각합니까?"

"글쎄요!"

이상한 듯한 표정을 짓고, 나의 얼굴을 바라보고 있었다.

"이를테면 잠을 자고 있는데, 가슴이 눌린다든가……."

"아! 그런 것 말입니까? 그런 일은 매일같이 있습니다. 뭔가 검은 물체가 가슴 위에 올라타고 목을 조인답니다. 꿈을 꾸는 듯한 상태로 자기의 몸이 마음대로 움직여지지 않으므로, 이대로 죽는 건가 하고 여러 번 생각했습니다. 하지만 저는 심장이 아마 나쁘니까 그렇게 되는 거겠지요."

"아침에 일어나서 머리가 무겁거나 몸이 무거운 일은 없습니까?"

"저는 감기에 잘 걸리는 체질이므로, 아침에 일어나는 일이 고역입니다. 하지만 불공드리는 일이 있어서 역시 참고 일을 합니다."

"환각(幻覺) 같은 것을 본 일이 있습니까?"

"별채의 긴 복도를 밤중에 비단 옷자락을 끄는 소리를 내며 걸어가는 모습을 흔히 봅니다."

"만약에 그것이 악령이라면 어떻게 하시겠습니까?"

"늘 이상하다, 하고 무시무시한 생각이 듭니다."

이 젊은 스님은 영적인 현상에 대해서는 전혀 이해하고 있지 않는 것이었다.

하지만 외딴 곳의 화장실에 갈 때에는 등골이 오싹합니다, 하고 말하는 것이었다.

목이 조이거나, 가슴이 눌리거나 하는 일은 거의 악령들의 짓이다. 젊은 스님은 공포심이 없으므로 아직 다니고 있을 뿐이다. 그들은 전부 구원받지 못한 영들인 것이다.

무사시노(武藏野)의 한 곳에 있는 어느 오래 된 선사(禪寺)의 수도승이 실제 눈으로 악령에게 목을 졸리는 모습을 침침한 전등빛을 통해 장지문에 비쳐지는 것을 보고 나에게 의논을 하러 온 일이 있었다.

절에서는 이와 같은 이야기는 수없이 많다. 모두 악령의 조화되지 못한 파동에 싸여 있는 탓으로 불법과는 반대로, 지옥계를 전개하고 있는 것이다.

나는 근처에 사는 친구에게 이 옛절에 대하여 물어보았다.

“글쎄요. 아무래도 저 절에 사는 사람들은 불행한 것 같더군요. 가정적으로도 다복하지 못한 것 같습니다. 좋은 사람들이지만 불행합니다. 뭔가 절에 좋지 못한 인연이라도 있는 게 아닐까요?”

이런 대답을 하였다.

악령은 남의 행복을 빼앗는 극악무도한 영들이며, 자아(自我)를 가진 남의 일을 생각하지 않는 무리들이다.

그들을 구하기 위해서는, 불법(佛法)에 맞는 생활을 하고 있는 사람이 아니고서는 도저히 구원할 길이 없을 것이다. 그런 의미에서 현대의 승려 자신이 불법이라는 정법(正法)의 실천 체험자가 아니고서는 안된다고 할 수 있다. 지위나 명예에 대해 집착심이 있는 사람이어서는 오히려 악령을 구하기는 커녕 악령에게 빙의되고 말 뿐이다.

불경의 뜻을 이해하고, 스스로가 그것을 실천하고, 우선 스스로의 마음의 창문을 여는 일이 먼저 해야 할 일이 아닐까? 아무리 지식으로 이해를 해도, 실천과 행동이 없으면, 그것은 완전히 그림의 떡에 지나지 않는다.

하물며 사원(寺院) 속으로 여자를 불러들이고, 술에 취해 있다면 이미 악령에게 빙의된 사람들이라고 해도 과언이 아닐 것이다.

〈하권에서 계속〉

이 책을 읽는 순간
당신의 운명이
바뀐다.
영혼과 4차원 세계
전격공개! 전9권 완간
제1권 전생인연의 비밀
제2권 사후세계의 비밀
제3권 심령치료의 기적
제4권 내가 본 저승세계
제5권 영계에서 온 편지
제6권 영혼의 목소리
제7권 전생이야기
제8권 빙의령이야기
제9권 살아있는 조상령들
전국유명서점에서 판매중

이것이 바로 정치군인들에 의해 무참하게 판매 금지 당했던 문제의 그 소설이다!

한 시대의 증언자
정을병 문학의 대표작

한국판 수용소군도, 그 기막힌 이야기들

개새끼들

상 하

우리는 그들을 어떻게 심판할 것인가?

이 작품 〈개새끼들〉은 '개새끼'로서 취급을 받아도 좋을 사람들을 욕하기 위해서 쓰여진 작품이다. 우리 사회에는 언제부터인가 '개새끼' 같은 더러운 짓만을 골라 하는 속물 적 인간들이 너무나 많다. 그들에게는 어떤 체 면이나 국가의식 같은 것은 전혀 찾아볼 수 없으며, 다만 철저하게 무장된 몰염치한 근성만을 발견할 수 있을 따름이다.

이 땅에도 소련과 같은 수용소군도가 있었던 사실을 당신은 아십니까? 그것이 바로 악명높았던 국토건설단과 삼청교육대, 반체제 인사들을 강제 연행, 차마 인간으로서는 상상조차 할 수 없는 고통과 공포의 도가니로 몰아넣었던 인간도살장이다!

총검으로 자신의 부패를 가리며 민중에 대한 대량학살과 반체제 인사들에 대한 대규모 투옥, 안정속의 개혁이라는 간판 밑에 공포속의 침묵만을 강요했던 전두환 정권—그 암울했던 극한 상황속에서 그들의 하수인들에 의해 자유가 어떻게 유린되는가를 5인의 솔제니친 중 한명이었던 저항작가 정을병에 의해 비로소 파헤쳐진 한국판 수용소군도 그 실체!

밤의 세계에 별이 되고자 했던 사나이들의 의리와 배신!!

이기호 실명●실화소설

밤이 온다 그들이 온다

3대 패밀리

①부 전3권 ②부 전3권

바로 이 책속에 주먹세계의 커넥션이 있다!!

이 책은 한국 주먹세계의 마지막 계보였던 3대 패밀리와 야인시대에 등장했던 2세대 낭만파 주먹들이 뿜어냈던 광기의 비하인드 실화소설이다.

값 각권 8,500원×3

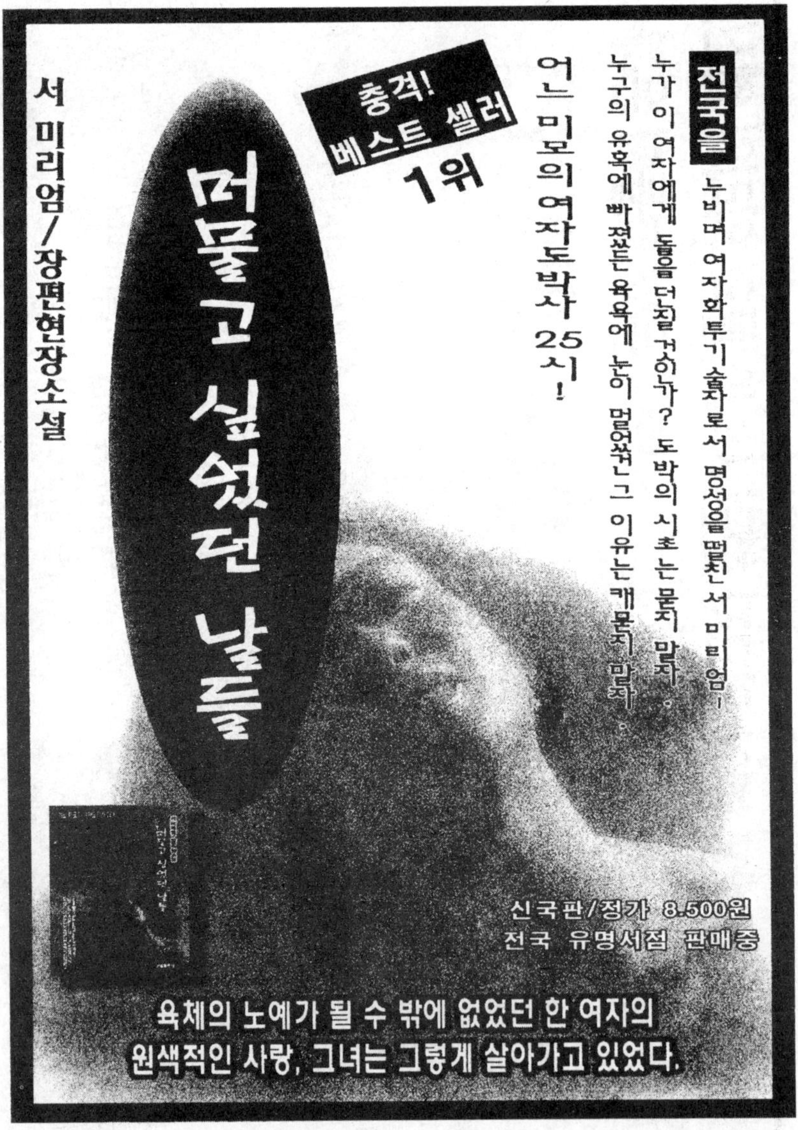
전국을 누비며 여자화투기술자로서 명성을 떨친 서 미리엄-
누가 이 여자에게 돌을 던질 것인가? 도박의 시초는 묻지 말자.
누구의 유혹에 빠졌든 육욕에 눈이 멀었는지 그 이유는 캐묻지 말자.
어느 미모의 여자도박사 25시!
충격! 베스트 셀러 1위
머물고 싶었던 날들
서 미리엄/장편현장소설
신국판/정가 8,500원
전국 유명서점 판매중
육체의 노예가 될 수 밖에 없었던 한 여자의
원색적인 사랑, 그녀는 그렇게 살아가고 있었다.

베일속에 가려진 사형장의 전모가 전격공개!
원색화보 특별수록

마지막 가는 길목에서 그들은 하늘을 보고 땅을 본다.
세상을 경이와 공포의 도가니 속으로 몰아 넣었던
신문 제3면의 히로인들 - 말만 들어도 무시무시한 흉악범들,
그들에게도 눈물이 있었고 가슴저미는 통회가 있었다.
주어진 생을 채 마치지도 못하고 떠나야 했던
8인의 사형수 - 그들의 최후가 공개!

"한번 해병은 영원한 해병"
지옥전선 - 월남전쟁터에서 부른
청룡 용사들의 마지막 노래
실록
청룡부대
李光熙/編著
실종되어 버린
월남전쟁에서 참담
하게 허물어져간 젊은
육체와 영혼들의
이야기!
제1부 전선수기
제2부 전선의 시
제3부 전쟁속의 이웃사이더
바로 이것은 우리들의 이야기이다
삶과 죽음의 수레바퀴속에서 용사들이
쓴 전선의 시와 전선수기 130편 수록!
월남전 전투사진 화보수록
현역, 예비역 단체주문 환영
전국 유명서점 공급중
464쪽/
만남의 광장
생사를 함께 했던
어제의 전우들의
서로 소식을
나눕시다

편저자 약력

서울에서 출생하여 서울대 문리대 국문과를 졸업. 1951년 경향신문 신춘문예에 「聖火」가 당선되어 문단에 데뷔. 그후 일본에 진출하여 「심령치료」「심령진단」「심령문답」등을 저술하여 일본의 심령과학 전문 출판사인 대륙서방에서 간행하여 큰 호응을 얻었으며, 다년간 심령학을 연구함. 그후 「업」「업장소멸」, 「영혼과 전생이야기」「인과응보」「초능력과 영능력개발법」「최후의 해탈자」「사후의 세계」「심령의 세계」등 심령과학시리즈 20여종 저술(서음미디어 간행)

판권
소유

증보판 발행 : 2010년 5월 10일
발행처 : 서음출판사(미디어)
등 록 : No 7－0851호
서울시 동대문구 신설동 94－60
Tel (02) 2253－5292
Fax (02) 2253－5295

저자 | 다까하시 신지
편저자 | 안 동 민
발행인 | 이 관 희
본문편집 | 은종기획
표지 일러스트
Juya printing & Design
홈페이지 www.seoeumbook.com
E. mail seoeum@hanmail.net

*이 책은 저작권법에 의해 보호를 받는 저작물이므로
무단 전재나 복제를 금합니다.
Ⓒ seoeum